BIBEL-GESCHICHTEN

Das Neue Testament

ERZÄHLT VON GERTRUD FUSSENEGGER

ILLUSTRIERT VON MARIO GRASSO

LAPPAN

Gertrud Fussenegger wurde 1912 im heutigen Tschechien geboren, sie starb im März 2009 in Linz (Österreich). Nach ihrem Studium der Geschichte, Kunstgeschichte und Philosophie veröffentlichte sie neben zahlreichen Romanen und Erzählungen auch Lyrik, Theaterstücke und Bilderbücher, für die sie zahlreiche Auszeichnungen erhielt.

Mario Grasso wurde 1941 in Mailand (Italien) geboren. Er arbeitete mehrere Jahre lang als Lithograf, parallel dazu besuchte er die Fachhochschule für Gestaltung in Basel, wo er seit 1950 lebt. Seit 1969 arbeitet er als freischaffender Texter, Illustrator, Designer und Autor. Bisher sind rund 50 von Mario Grasso illustrierte Bücher erschienen – viele davon wurden international ausgezeichnet.

Hinweis: Die im Buch enthaltenen Namen, insbesondere auch Ortsnamen, richten sich nach der ökumenischen Schreibweise.

Postfach 3407 · 26024 Oldenburg
www.lappan.de · info@lappan.de

Umschlag, Illustrationen und Layout: Mario Grasso
Lektorat: Constanze Breckoff
Herstellung und Satz: Monika Swirski
Druck und Bindung: Offizin Andersen Nexö, Leipzig
Printed in Germany
ISBN 978-3-8303-1149-2

Der Lappan Verlag ist ein Unternehmen
der Verlagsgruppe Ueberreuter, Wien.

Inhalt

DAS NEUE TESTAMENT

DIE VERKÜNDIGUNG

Endlich war die Zeit angebrochen, da Gott den verheißenen Erlöser senden wollte, und im Himmel begab sich etwas so Großes und Wunderbares, dass wir es uns kaum vorzustellen vermögen: In ewiger Herrlichkeit thronte der Vater über dem Reich der Engel, der Sohn saß zu seiner Linken und ruhte am Herzen des Vaters, und der Heilige Geist umhüllte beide mit seiner Glorie.

Tief unten schwebte die Erde wie ein Staubkorn im Abgrund des Alls, doch Gottes Auge ruhte auf ihr und auf allem, was da war; und sein Auge sah die Menschen in Finsternis, Irrtum und Sünde, sah die Erde zittern unter der Last der Schmerzen, die sie trug. Da erhob sich der ewige und allmächtige Sohn und sprach: »Vater, meine Stunde ist gekommen. Lass mich hinabsteigen zu den Menschenkindern, um sie zu erlösen!«

Der Vater antwortete: »Geh hin, mein Sohn, und vollende, was ich verheißen habe, und kehre wieder zu mir zurück. Dann wirst du zu meiner Rechten sitzen in Ewigkeit.« Er winkte einem Engel, einem der größten himmlischen Geister. Dieser Engel hieß Gabriel. Er hatte seit Erschaffung der Erde vor Gottes Thron gestanden und auf diese Stunde gewartet, denn er war von allen Engeln auserwählt, den Erlöser zu verkündigen.

Der Himmel erbebte vor Freude, und die gewaltigen Cherubim jubelten, doch die Seraphim, die dem Thron Gottes am nächsten stehen und ihre Angesichter verhüllen, weil sie sonst den Glanz des Allerhöchsten nicht ertrügen, bedeckten die Augen. Da erblühte aus Gabriels Hand eine Lilie, ihr Licht war so mild wie der Mond, und dennoch strahlte es weiter als die Sonne, und Gott Vater nickte und entließ den Boten. Doch ehe sein Fuß die Erde betrat, warf Gabriel seine gewaltige Gestalt ab, und er wurde ein kleiner Engel, damit er sich unter die Tür eines niedrigen armen Hauses bücken und in die schmale Kammer einer Jungfrau treten konnte. Sie hieß Maria und war aus dem Hause Davids.

Der Engel sprach zu ihr: »Sei mir gegrüßt, Maria. Der Herr ist mit dir, du bist gebenedeit unter den Frauen.«

Maria erschrak, denn sie wusste nicht, wer der Fremde war und was seine Worte zu bedeuten hatten. Der Engel sprach weiter: »Fürchte dich nicht. Gott hat dich erwählt. Du wirst einen Sohn bekommen, dem sollst du den Namen Jesus geben; er wird der Sohn des Allerhöchsten genannt werden, und Gott wird ihn auf den Thron Davids setzen, und seines Reiches wird kein Ende sein.«

Maria wunderte sich noch mehr und sagte: »Wie soll das geschehen? Wie soll ich einem Kind das Leben schenken, da ich doch von keinem Manne weiß?«

Der Engel antwortete: »Heiliger Geist wird dich erfüllen, und die Kraft des Allerhöchsten wird dich überschatten. Fasse nur Mut, Maria. Bei Gott ist nichts unmöglich. Auch deine Base Elisabet wird ein Kind bekommen, obwohl sie schon alt ist. Auch ihr hat Gott Gnade erwiesen.«

Als Maria das hörte, freute sie sich sehr, fasste sich ein Herz und sprach: »Ich bin die Magd des Herrn, und mir geschehe nach deinem Wort.«

Da neigte sich der Engel vor ihr und verschwand.

ELISABET UND ZACHARIAS

Wer war jene Elisabet, von der der Engel in dieser heiligen Stunde gesprochen hatte? Sie war Marias Base, die Frau eines Priesters, und wohnte in einer kleinen judäischen Stadt. Viele Jahre lang hatten sie und ihr Mann sehnsüchtig darauf gewartet, ein Kind zu bekommen. Nun waren sie schon hochbetagt und hatten alle Hoffnung aufgegeben. Maria liebte diese Base sehr, sie kannte deren Kummer und hatte sich schon oft mit ihr gegrämt.

Ehe der Engel des Herrn zu Maria kam, weilte der Priester Zacharias im Tempel zu Jerusalem und hielt Gottesdienst. Das Volk wartete draußen auf ihn, denn es durfte das Innere des Tempels nicht betreten.

Als Zacharias am Räucheraltar stand, erschien ihm ein Engel und sprach: »Habe keine Furcht, Zacharias, dein Gebet ist erhört. Deine Frau Elisabet wird einen Sohn gebären, ihn sollst du Johannes nennen. Du wirst viel Freude an ihm haben, denn er wird groß sein vor Gott und dem vorangehen und den verkündigen, der zur Erlösung aller Menschen in die Welt geschickt werden soll.«

Das war eine seltsame Botschaft! Zacharias glaubte dem Engel nicht: Zu lange hatte er mit Elisabet vergeblich auf ein Kind gewartet; wie sollte ihm denn jetzt, da schon alle Hoffnung geschwunden war, dieser Wunsch in Erfüllung gehen? Er blickte den Engel traurig an und sagte: »Du freundlicher himmlischer Geist, wecke keine Erwartungen, die sich doch nie erfüllen können. Meine

Frau und ich haben uns mit unserem Schicksal abgefunden.«
Der Engel fiel ihm ins Wort: »Du glaubst mir nicht? So sollst du stumm sein, bis geschieht, was ich dir verkündigt habe.«
Und wirklich: Zacharias war von nun an stumm.
Er merkte es zuerst nicht. Denn der Engel war verschwunden und er blieb allein. Doch nun hörte er, dass das Volk draußen vor dem Heiligtum schon ungeduldig zu murmeln und mit den Füßen zu scharren begann: Es war wohl Zeit, dass er zu den Menschen hinausging und sie segnete. Aber als er vor den Vorhang trat und sprechen wollte, brachte er kein einziges Wort hervor.
Das Volk wunderte sich, und einige junge Leute begannen sogar zu lachen. Andere hingegen riefen:

»Seid still! Was gibt es da zu spotten? Sicher hat unser Priester Zacharias eine Erscheinung gesehen.«
Die Menge zerstreute sich, Zacharias legte die priesterlichen Kleider ab, nahm seinen Wanderstab und kehrte nach Hause zurück.
Noch ehe er das Städtchen betrat, kam ihm seine Frau Elisabet entgegen. Als sie ihn erblickte, eilte sie auf ihn zu. Sie weinte.
Doch er sah, dass es Tränen der Freude waren, die über ihre Wangen liefen. Da wusste er: Der Engel hatte die Wahrheit gesprochen.

MARIA BESUCHT ELISABET

Der Engel Gabriel hatte Maria verlassen, und sie war allein mit ihrem großen, herrlichen Geheimnis. Ihr Herz war voll davon, und doch wagte sie es niemandem mitzuteilen: Was würden ihre Eltern sagen, wenn sie ihnen erzählte, ein Engel sei ihr erschienen? Und was sollte erst Josef, ihr Verlobter, glauben?
Sie wusste nur von einem einzigen Menschen auf dieser Erde, dem sie sich anvertrauen konnte, eben jener Base Elisabet, die – nach den Worten des Engels – gleichfalls ein Kind erwartete und gleichfalls auf wunderbare Weise gesegnet worden war.
So machte sich Maria auf den Weg und wanderte aus ihrer Heimatstadt Nazaret im Land Galiläa zu ihrer liebsten Freundin. Das war ein weiter Weg.
Endlich sah sie das Haus des Priesters Zacharias vor sich liegen. Elisabet trat soeben heraus, um aus dem Brunnen Wasser zu schöpfen. Maria rief ihren Namen.
Elisabet ließ den Eimer fahren und stand, beide Hände auf ihr Herz gedrückt, still und selig lächelnd da. Sie lauschte nach innen. Ein glückliches Lächeln erschien auf ihrem schon zerfurchten Gesicht.
»Elisabet!«, rief Maria noch einmal.
Da wandte sich jene um und lief ihr entgegen.
»Maria, du bist es?« Und sie umarmte die schöne junge Base und sprach: »Maria, Gottes Gnade ist mit dir. Auch du erwartest ein Kindlein, nicht wahr? Gesegnet ist dieses Kind, dein Sohn. Als ich deinen Ruf hörte, spürte ich, wie das Kind unter meinem Herzen vor Freude sprang, denn dein Sohn wird sein Herr sein – und der meine!«
Maria weinte vor Freude und sprach:

»Mein Geist frohlockt in Gott,
meinem Heiland,
denn Großes hat er an mir,
seiner niedrigen Magd, getan,
sein Name sei gepriesen,
denn er ist barmherzig!«

Josef hatte das Zimmermannshandwerk erlernt. Er war kein ganz junger Mann mehr, als ihm eines Tages das kleine Mädchen Maria auffiel, das in seiner Nähe wohnte und jeden Morgen und Abend an seiner Werkstätte vorüberging. Noch war Maria zu jung, um seine Frau zu werden. Aber Josef besprach sich, wie es damals Brauch war, mit ihren Eltern, dem redlichen Joachim und der ernsten Anna, und sie kamen überein, dass Maria in einigen Jahren Josefs Frau werden sollte.

Maria blieb drei Monate bei Elisabet. Dann kehrte sie zu ihren Eltern nach Nazaret zurück.

JOSEF, DER ZIMMERMANN

Marias Verlobter, Josef, stammte, so wie sie selbst, aus dem Hause Davids. Beide zählten Könige zu ihren Vorfahren; aber von Davids Reichtum und Salomos Herrlichkeit war nichts mehr auf ihrer beider Familien gekommen. Sie lebten als arme einfache Menschen unter anderen armen einfachen Menschen, Bauern, Handwerkern und Hirten.

Nun war es bald so weit. Maria war zu einem schönen Mädchen erblüht, und Josef liebte sie von Herzen.

Doch eines Tages, kurz nachdem Maria von Elisabet zurückgekehrt war, merkte er, dass Maria ein Kind erwartete.

Zuerst glaubte er seinen Augen nicht trauen zu dürfen, doch dann erkannte er mit Sicherheit: Ja, es war so, und sein Herz brannte wie Feuer, so weh tat es. Er ging in seine Hütte, schob den Riegel vor seine Tür und versank in tiefen Gram, denn er konnte nichts anderes glauben, als dass Maria das Kind eines anderen Mannes erwartete.

So saß er eine ganze Nacht und grübelte voll Kummer über sein Unglück. Erst gegen Morgen schlief er ein. Im Traum sah er einen Engel vor seinem Lager stehen, er streckte die Hand aus, berührte Josefs Stirn und sprach: »Josef, höre! Hab keine Furcht, Maria zu dir zu nehmen. Ihr Kind ist nicht eines Menschen, es ist Gottes Sohn. Maria hat es vom Heiligen Geist empfangen.«

In diesem Augenblick erwachte Josef. Was war geschehen? Welch ein seltsamer Traum! Marias Kind – Gottes Sohn? Wie war das möglich? Eine Weile saß der Zimmermann still auf seinem Bett und hielt sein schweres Haupt in seinen beiden Händen. Da fiel ihm ein, was seinem Ahnherrn David verheißen worden war und dessen Ahnherrn Jakob und Isaak und Abraham, und Josef dachte an die vielen Wunder, die Gott gewirkt hatte. Er schöpfte Mut, stand auf und ging in das Haus des Joachim, um Maria als seine Frau zu sich zu holen.

Bald darauf traf die Kunde ein, dass der Priester Zacharias und seine Frau Elisabet einen Knaben bekommen und ihm den Namen Johannes gegeben hatten, und auch die Kunde, dass Zacharias nun nicht mehr stumm sei.

DIE HEILIGE NACHT

Einige Monate später – es war Winter, und über die Fluren Judäas blies ein kalter Wind, über die Gipfel der Berge trieben Schneeschauer – wanderte Josef mit Maria gegen Betlehem. Sie saß, in einen weiten Mantel gehüllt, auf dem Rücken eines Esels und schwieg. Nur von Zeit zu Zeit flüsterte sie etwas, da hielt Josef an und wartete ein Weilchen. Dann trieb er den Esel zu umso größerer Eile an, und er atmete auf, als er endlich Betlehem vor sich liegen sah, eine kleine, an eine Bergkuppe gebaute Stadt: Das war ihr Ziel, dort wollten sie in einer Herberge unterkommen.

Doch als sie die Stadt erreichten, sahen sie mit Schrecken, dass es heute gar nicht so leicht sein werde, eine Unterkunft zu finden. Die engen Gassen wimmelten von Menschen, von Karren und Reittieren, und es war ihnen anzumerken, dass auch sie erst vor kurzem hier angekommen waren. So war ganz Betlehem voll von Leuten, die Herberge suchten, und das war auch kein Wunder, denn ein Befehl war ergangen im ganzen Land und nicht nur im ganzen Land, sondern im ganzen großen Reich der Römer, Kaiser Augustus hatte diesen Befehl erlassen: Jedermann sollte sich aufschreiben lassen in seiner Heimatstadt. So sollte das Volk gezählt werden, nicht nur das Volk der Juden, sondern auch alle anderen Völker, die unter der Herrschaft der Römer lebten und Kaiser Augustus gehorchen mussten.

Nun aber lebten viele Menschen nicht mehr in ihren Heimatstädten, nicht mehr dort, wo ihre Eltern und Großeltern gelebt hatten. So mussten viele Leute zur Zählung auf Reisen gehen. Auch nach Betlehem kamen viele, weil Betlehem ihre Heimatstadt war.

Darum waren alle Herbergen voll und die Unterkünfte längst vergeben.

Wo Josef anklopfte, erhielt er eine barsche Antwort, und wenn er sich aufs Bitten verlegte und darauf hinwies, dass seine junge Frau Maria ihre schwere Stunde erwartete, wurde ihm die Tür vor der Nase zugeschlagen.

Endlich fand sich ein barmherziger Mensch, der ihnen einen Stall als Unterkunft anbot.

»Einen Stall?«, murmelte Josef verstört und warf Maria einen verzweifelten Blick zu. »Wirklich nur einen Stall?«
Aber Maria nickte.
So ließen sie sich hinführen. Unter der Stadtmauer von Betlehem war eine Höhle. Über dem Eingang hing ein strohgedecktes Dach, und drinnen stand eine Krippe, an die ein Ochse gebunden war.
»Hier ist der Stall!«, sagte der Mann.
Josef zögerte noch immer, doch Maria gab ihm ein Zeichen, dass sie von ihrem Reitesel absteigen wolle.
Der Besitzer des Stalles brachte ihnen noch einen Arm voll Stroh und einen Eimer voll Wasser. Dann wünschte er einen Guten Abend und zog die Tür hinter sich zu.
Nun war es Nacht.
In den Häusern, Höfen und Gassen der Stadt erloschen die Lichter, aber draußen in den offenen Fluren rund um Betlehem wurden die Hirtenfeuer angezündet, denn die Hirten durften nicht schlafen, sie mussten bei ihren Herden wachen.
Doch da die Nacht sehr kühl war, entfachten sie kleine Feuerchen, kauerten ringsum im Kreis und schwatzten ein wenig, um sich die Zeit zu vertreiben.
Worüber mochten sie sich wohl unterhalten, diese Hirten in den Fluren von Betlehem? Vermutlich hatten sie einander nicht viel Lustiges zu erzählen, denn die Zeiten waren hart: Die Römer bedrückten das Land und quälten es mit ihrer Willkür. Wohl hatten sie einen König eingesetzt, um den Schein zu wahren, als ob das Volk der Juden sich selbst regieren würde. Doch dieser König, Herodes, war ebenfalls ein Fremder, und er war tückisch und grausam, baute sich selbst prachtvolle Paläste und scherte sich nicht um die Not der Armen. Wie immer und überall auf der Welt lebten auch damals die Reichen und Mächtigen in Prunk und Übermut und die Armen und Schwachen in Not, Kummer und Furcht, mühselig und beladen. Worauf sollten sie hoffen? – Das mochten sich die Hirten fragen in jener dunklen kalten Nacht vor den Mauern Betlehems wie in vielen anderen Nächten zuvor, während das Feuer zwischen ihnen allmählich abbrannte und zu einem Häuflein Glut zusammensank. Nun ging es schon auf Mitternacht zu.
Einer verstummte und dann der andere und mancher war schon eingenickt.
Da aber geschah etwas Seltsames: Es war zuerst wie das Wehen des Windes hoch droben in den Lüften, ein leises Sausen und Knistern unter den Sternen. Dann floss ein zarter Glanz über die Ränder der Hügel und zeichnete den Mauerkranz von Betlehem nach. Schließlich zog sich der Schimmer zusammen zu einer einzigen hoch aufgerichteten, glänzenden Gestalt. Sie kam näher heran und hielt schließlich bei den Hirten inne, und eine Stimme sprach: »Fürchtet euch nicht, ihr Männer, denn ich habe euch eine große Freude zu verkündigen. Heute Nacht ist in Betlehem, in der Stadt Davids, der Heiland dieser Welt geboren worden. Geht dorthin und sucht ihn. Ihr werdet ein Kind finden, in Windeln gewickelt und in einer Krippe liegend.«
Die Hirten lauschten. Es war ihnen so wunderbar zumute! Diejenigen, die schon eingeschlafen waren, glaubten noch zu träumen, aber andere waren schon aufgesprungen, um, wie der Engel gesagt hatte, nach Betlehem zu eilen und den Heiland zu suchen. Nun

aber geschah noch etwas anderes: Rings um den einen ersten Engel schwebten auf einmal andere selige Geister. Sie schienen vom Himmel herabzusteigen, als hingen tausend und abertausend Leitern unsichtbar im Raum zwischen den Sternen, und über jede dieser Leitern kam eine Schar singender Knaben, geflügelt und in schimmernden Gewändern; viele hielten Harfen in den Händen, andere Flöten, und aus all dem Singen und Klingen, das den Himmel durchströmte, waren die Worte zu vernehmen:

»Ehre sei Gott in der Höhe
und Friede allen Menschen auf Erden,
die guten Willens sind!«

Allmählich wurden die Stimmen leiser, der Glanz erlosch oder zog sich nach oben zurück, und schließlich standen nur noch die Sterne am Himmel. Die Hirten machten sich auf den Weg nach Betlehem. Als sie ankamen, war das Kindlein schon geboren, und Maria hatte es in Windeln gewickelt und in die Krippe gelegt. Die Hirten fielen auf die Knie und beteten es an. Und keiner von ihnen vergaß diese Nacht, solange er lebte.

DER BESUCH DER WEISEN

In jener Heiligen Nacht ereignete sich noch etwas anderes im fernen Morgenland. Es geschah, wir wissen nicht genau wo, an den Ufern des Tigris oder in den Gebirgen von Persien: Dort saßen zu mitternächtlicher Stunde drei vornehme Weise auf den Türmen ihrer Behausungen, jeder in seinem Land. Keiner kannte den anderen und doch war ihnen etwas gemeinsam: Alle drei befassten sich damit, nachts den gestirnten Himmel zu betrachten. Alle drei wussten die Namen der Sternbilder, machten sich Gedanken über die Bahnen der Planeten, über Sonnen- und Mondfinsternisse und was wohl die Kometen zu bedeuten hätten, die dann und wann auftauchten und ihre feurigen Schweife über das Firmament zogen. Nun aber entdeckten alle drei in jener Heiligen Nacht einen neuen strahlenden Stern, den sie noch nie erblickt hatten.

Baltasar, der Mohr, dachte: »Dieses Himmelslicht bedeutet, dass in dieser Nacht ein großer König geboren wurde. Ich will ihn aufsuchen, um mich seiner Gnade zu versichern.« Kaspar dachte: »Dieser neue Stern bedeutet, dass ein Gott auf die Erde herabgestiegen ist. Ich will ihn aufsuchen und ihm ein Opfer bringen.« Und Melchior dachte: »Dieses Licht ist ein Zeichen dafür, dass eine neue Zeit anbricht und dass von nun an alles anders wird auf Erden. Ich will hinziehen und sehen, von wem die Zukunft ausgeht.«

So zogen alle drei Weisen fort aus ihrem Land mit Dienern, Kamelen und Pferden, und jeder nahm vom Kostbarsten mit sich, was sein Heimatland hervorbrachte: Kaspar füllte ein Kästchen mit Gold, Melchior ein Säckchen mit Weihrauchkörnchen, Baltasar einen Krug mit Myrre. Auf ihren Wegen folgten sie dem Stern, der jede Nacht mit gleichem Glanz strahlte.

Der Zufall wollte es, dass sie zur selben Stunde in ein und derselben Karawanserei eintrafen. Eine Karawanserei ist eine große, mit Mauern umgebene Herberge in der Wüste, die alle Reisenden aufnimmt. So konnte es nicht ausbleiben, dass sie sich miteinander bekannt machten. Doch wie erstaunt und glücklich

waren sie, als sie erfuhren, dass sie alle aus demselben Grund aufgebrochen und hierhergezogen waren und ein und dasselbe Ziel hatten. So wollten sie von nun an beisammenbleiben und gemeinsam auf die Suche gehen.

Jede Nacht, so schien es ihnen, nahm die Leuchtkraft des Sterns zu. Eines Tages gelangten sie an die Grenze des Römischen Reiches, die zugleich die Grenze der Provinz Palästina, das heißt des Heiligen Landes, war.

Nun dauerte es nicht mehr lange, bis sie Jerusalem erreichten. Hier leuchtete der Stern noch herrlicher als je zuvor. Die drei Weisen überlegten. Sollten sie vielleicht hier schon ihr Ziel erreicht haben? Sollte in Jerusalem der neue König und Herr der Welt geboren worden sein?

Sie begaben sich in die Stadt, um Nachforschungen anzustellen. Und wo forschten sie zuerst nach dem neuen Königskind? Natürlich im Palast des Königs. In jener Zeit herrschte Herodes über das Volk der Juden. Ihm trugen die drei Weisen ihr Anliegen vor. Aber keine Frage hätte Herodes mehr erschrecken und verärgern können, denn er war ein böser Mann und dachte nur Böses. Er wusste, dass er verhasst war und dass so mancher nur darauf wartete, dass er stürbe. Das erfüllte ihn mit Wut. Niemandem gönnte er Thron und Krone, und so hatte er schon einige seiner Söhne töten lassen, um zu verhindern, dass sie ihn beerben und an seiner Stelle herrschen würden.

Und nun kamen gleich drei fremde Weise und fragten nach einem neuen König! Das war unerhört, und

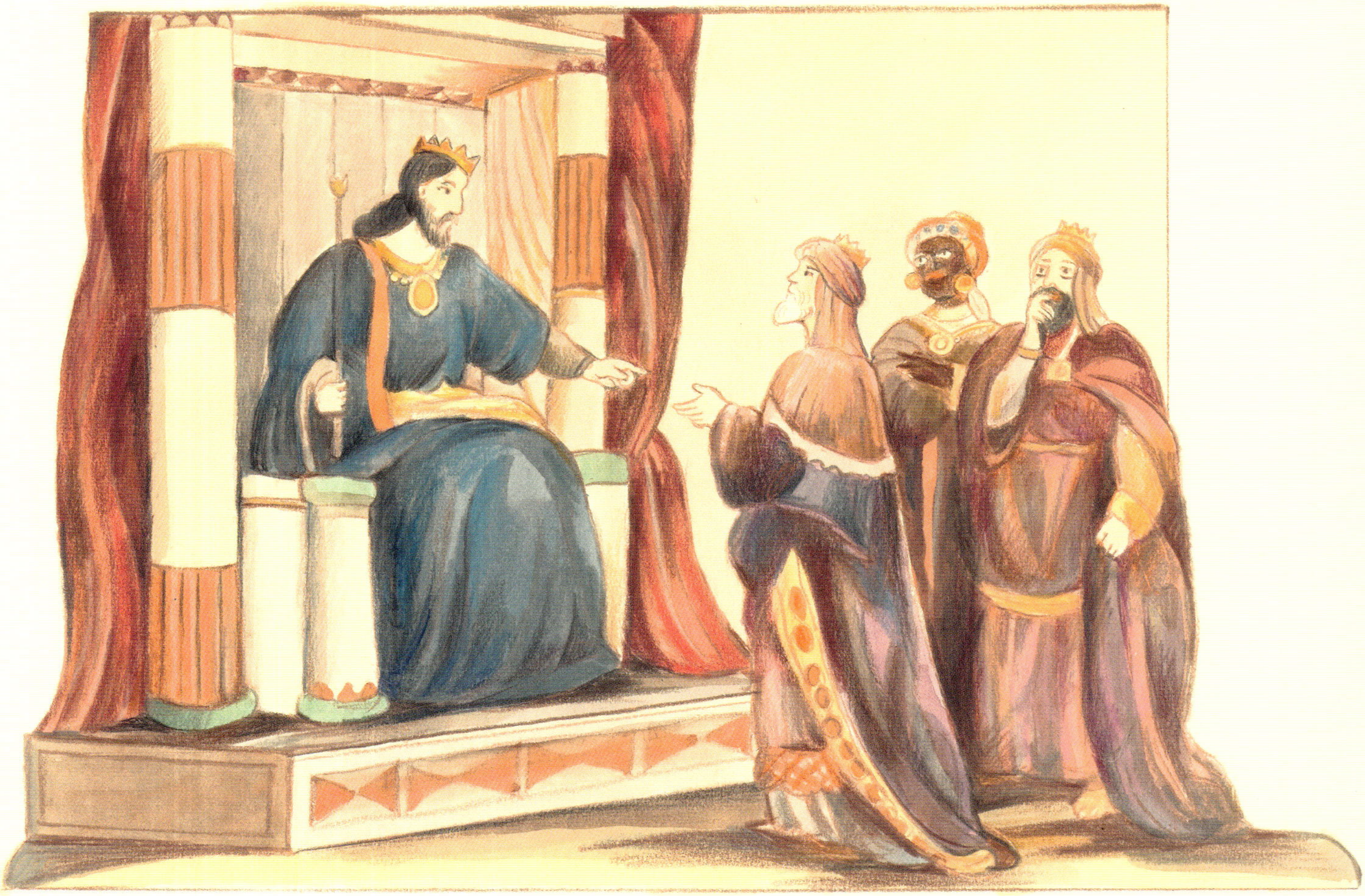

Herodes hätte die drei am liebsten in Stücke reißen lassen. Doch er beherrschte sich und sprach: »Ich weiß zwar nichts von einem neuen Judenkönig, aber vielleicht wissen meine Hohenpriester und Schriftgelehrten mehr als ich. Wir wollen sie befragen.« Er wandte sich an die gelehrtesten Männer seines Volkes und forderte sie auf, in den heiligen Büchern nachzusehen, ob dort irgendwo von einem neuen großen König geweissagt sei.
Die Hohenpriester und Schriftgelehrten erschraken über dieses Ansinnen, denn sie wussten, dass Herodes bei solchen Nachforschungen gewiss nichts Gutes im Schilde führte. Dennoch fassten sie sich ein Herz und antworteten: »In unseren heiligen Büchern steht von einem künftigen großen Herrscher geschrieben und zu Betlehem wird er geboren werden.«

»In Betlehem?« Diese Antwort versetzte Herodes einen neuen Stich ins Herz. Allein er versuchte, sich nicht anmerken zu lassen, was in ihm vorging. Mit einem bleichen tückischen Grinsen wandte er sich an die drei Weisen: »Ihr habt ja gehört, wo euer königliches Wunderkind geboren worden ist. Zieht nur hin nach Betlehem und forscht fleißig nach ihm, und wenn ihr es gefunden habt, dann versäumt nicht, mich auf dem Rückweg zu besuchen und mir Nachricht zu geben, wo ich das Kind sehen kann. Denn auch ich will hinziehen und es anbeten.«
Die Weisen dankten und entfernten sich. Doch sie hatten im Traum die Weisung von Gott erhalten, auf keinen Fall zu Herodes zurückzukehren. Deshalb zogen sie auf einem anderen Weg heim.

Als sie endlich in Betlehem eintrafen, wurden sie beinahe irre, dass hier das Ziel ihres Weges sein sollte. Noch immer waren sie der Meinung, dass ein künftiger König nur als Königskind in einem fürstlichen Haus oder doch wenigstens unter dem Dach eines reichen Mannes geboren werden könnte. Doch hier in Betlehem sahen sie keinen Königspalast, nur bescheidene Häuser und arme Hütten. Schweigend zogen die drei Weisen durch die Gassen. Wo war das Kind? Da und dort drang das Weinen eines Säuglings aus einer geöffneten Tür. Doch sobald sie sich der Schwelle näherten, schien der Stern an Glanz einzubüßen.
Da kamen sie an einen Stall, eine armselige Höhle. »Hier ist es«, rief Baltasar, denn es zuckte ein goldener Strahl aus dem Stern hervor und tauchte die Höhle in unbeschreiblichen Glanz. Sie traten ein. Da waren eine junge Frau und ein älterer Mann; und in einer Wiege lag ein kleines Bündel, das in weiße Tücher eingeschlagen war.
Die Weisen wagten kaum zu atmen. Sie knieten nieder und beteten das Kindlein an.
Die junge Frau wandte ihnen ihre Augen zu. Sie sagte nichts, sie schien zu staunen, aber so, als staunte sie nur darüber, dass etwas eintraf, was sie schon längst zuvor erwartet hatte. Dann beugte sie sich über das Kind und streifte die Decke zur Seite, damit die Fremden es besser sehen könnten. Schließlich wandte sie sich dem älteren Mann zu, der die Szene andächtig verfolgte. Sie nickte ihm zu; auch er nickte, doch über ihre Wange schlich eine Träne.

DIE WEISSAGUNG DES SIMEON UND DIE FLUCHT NACH ÄGYPTEN

Warum weinte Maria, die Mutter Jesu, als sie sah, dass sich Weise vor ihrem Kind verneigten, so wie sich in der Nacht seiner Geburt die Hirten vor ihm verneigt hatten?
Sah sie denn nicht, was die Weisen mitbrachten – Gold, Weihrauch und Myrre, teure Kostbarkeiten, die ihre und Josefs Armut gewiss für längere Zeit lindern konnten? Und trotzdem weinte sie?
Kurz zuvor war sie mit ihrem Kind und Josef aus Jerusalem hierher zurückgekommen. Die Eltern hatten das Knäblein in die Heilige Stadt getragen, um es im Tempel darzustellen und das vorgeschriebene Opfer zu bringen.
Im Vorhof des Tempels waren sie einem alten, frommen Mann mit Namen Simeon begegnet.
Die Eltern Jesu kannten ihn nicht und er kannte sie nicht. Aber als Maria, den schlafenden Säugling im Arm, an ihm vorüberging, erfüllte den Greis mit einem Mal eine große Freude. Er folgte der fremden jungen Frau und bat sie, ihm das Kindlein zu zeigen. Maria wunderte sich. Was wollte der alte Mann? Aber bereitwillig lüftete sie den Schleier, den sie über das zarte schlafende Gesichtchen gebreitet hatte.
Simeon hob beide Arme zum Himmel und rief voll Entzücken: »O Gott, ich danke dir, denn jetzt kann ich in Frieden sterben. Ich habe gesehen, wonach ich mich sehnte alle meine Jahre. Dieses Kind ist der Heiland, der die Welt erleuchten wird. Den Heiden wird er das Licht bringen; er wird der höchste Ruhm unseres Volkes sein.« Doch während er diese Worte noch aussprach, erbleichte er, seine Lider schlossen sich für einige Sekunden, und als er sie wieder öffnete, sah Simeon aus, als habe er soeben ein schreckliches Bild erblickt. Und in der Tat: Er hatte eine weite, dunkle Landschaft gesehen, einen Hügel inmitten, und auf diesem Hügel ragte, deutlich wie von einem Blitz erleuchtet, ein Kreuz empor. Da wandte sich der Greis zu Maria, betrachtete sie voll

Mitleid und sprach: »Was wirst du erleiden müssen, du Arme! Denn dein Sohn wird zum Zeichen werden, das vielen verhasst sein wird, und Widerspruch wird kommen und Leid, und dein Herz wird von einem Schwert durchdrungen werden.« Als Maria diese Worte hörte, erzitterte sie, und Josef musste sie an der Hand ergreifen und wegführen.

Seither vermochte Maria nur an die Weissagung des alten Simeon zu denken, und darum kamen ihr auch die Tränen, als die Weisen vor ihrem Kind knieten und ihm das Köstlichste darbrachten, was sie zu bringen vermochten. Denn ihr Sohn, das wusste sie nun, würde die Welt nicht nur erlösen, sondern auch um dieser Erlösung willen viel erleiden und sogar sterben müssen.

Wenige Tage nachdem die Weisen wieder fortgezogen waren, zeigte sich auch schon das Kommende mit einem ersten dunklen Schatten an. Eines Nachts sprang Josef von seinem Lager auf und weckte Maria: »Schnell«, befahl er, »steh auf, nimm das Kind und mach dich fertig. Wir müssen fort von hier.«

»Was ist geschehen?«, fragte Maria verstört.

»Ich habe einen schrecklichen Traum gehabt«, sagte Josef, »ein Engel ist mir erschienen, derselbe, der mir schon einmal erschien, und er hat mir aufgetragen, dass ich das Kind und dich wegführen muss nach Ägypten.«

»Nach Ägypten?«, rief Maria erschrocken. »Wollten wir denn nicht bald nach Nazaret zurück?« Aber dann gehorchte sie, wickelte das Kind ein und verließ

die Unterkunft. Josef hatte schon den Esel hinausgeführt. Er setzte die Frau darauf, legte ihr den Knaben in den Arm, belud sich selbst mit einem Bündel und führte das Tier die Stadtmauer entlang.
Doch als sie um die Ecke bogen und in das westliche Tal hinabblickten, sahen sie, dass sich unten zwischen den Ölbäumen ein Feuerschein bewegte. Es waren Fackeln und Laternen und ihr Schein blinkte auf Helmen und Schwertern. Soldaten! Was wollten die in Betlehem? Warum schlichen sie sich in der Nacht heran, ehe der erste Hahn gekräht hatte?
Das konnte nichts Gutes bedeuten.
Eilig bog Josef in einen Hohlweg ein. So entfernten sie sich von der Stadt und sahen nichts von dem Grässlichen, das sich dort begab. Denn die Soldaten waren von König Herodes geschickt, sie drangen in Betlehem ein – wer hätte ihnen auch wehren sollen? Sie waren ja die Soldaten des Königs. Doch ihr Auftrag war schrecklich.
Herodes hatte ihnen befohlen, alle Knaben unter zwei Jahren zu töten, die sie in Betlehem finden konnten. Seit ihn die drei Weisen aus dem Morgenland besucht hatten, fand er keine Ruhe mehr bei Tag und Nacht. Diese Fremden hatten ihm versprochen, auf ihrer Heimreise zu ihm zurückzukehren. Gekommen waren sie nicht. Sie waren Jerusalem ausgewichen, doch sicher nur aus dem Grund, weil sie den neuen König der Juden tatsächlich gefunden

hatten und jetzt nicht verraten wollten. Aber dieser neue König, davon war der Tyrann überzeugt, würde schon in wenigen Jahren das Volk gegen ihn aufwiegeln; er würde sich lieb Kind bei den Römern machen und ihm, Herodes, schließlich die Krone entreißen. Das sollte nicht geschehen, nie und nimmer! Eher sollten alle Knaben sterben, die in den letzten zwei Jahren in Betlehem zur Welt gekommen waren. Dann konnte Herodes sicher sein: Auch der neue König war unter den Toten und konnte ihm nichts mehr anhaben.
Als die Sonne an diesem Morgen über der Stadt Davids aufging, beschien sie den größten Jammer, die schrecklichste Schandtat. Die Straßen lagen ausgestorben. Die Menschen hatten sich in ihre Häuser geflüchtet, um dort ihre toten Kinder zu beweinen. Alle Wege waren blutbefleckt. Hier lag ein zertretenes Spielzeug, da ein zerrissenes Hemdchen und dort ein kleiner, blutiger Schuh.
Die Soldaten waren abgezogen und saßen, jetzt selbst verwirrt und verstört von ihrer grässlichen Tat, unter der Stadtmauer. Einer fluchte dem Tyrannen Herodes, der ihnen einen solchen Befehl gegeben hatte; ein anderer hockte dumpf schweigend da und dachte an seine eigenen Kinder. Doch keiner sah die winzige Staubwolke, die sich weit draußen am Horizont erhob und unter den Hufen eines trabenden Esels aufwirbelte.

DIE KINDHEIT IN NAZARET

Schon zwei oder drei Jahre später wurde Herodes von einer schweren Krankheit befallen und starb, gleichsam von seiner Bosheit aufgefressen.
Jetzt wagten sich die Flüchtlinge in ihre Heimat zurück. Josef und Maria ließen sich in Nazaret nieder und lebten dort zwischen ihren Verwandten und Freunden in aller Stille. Josef arbeitete als Zimmermann, Maria besorgte das Haus und Jesus wuchs heran.
Er war ein Kind wie alle anderen Kinder, so schien es wenigstens. Er sprang herum und spielte mit seinen Gefährten und streifte mit ihnen durch die Gegend. Gern sah er den Bauern zu, wie sie säten und ernteten, oder den Hirten, wenn sie ihre Schafe weideten, tränkten und schoren; und wenn sich ein Schaf verlaufen hatte und ein Hirte auf die Suche ging, begleitete er diesen und half ihm rufen und locken, bis sie das Tier gefunden hatten. So verbarg sich seine Gottheit in der unscheinbaren Hülle eines kleinen Jungen.
Die Jahre vergingen, und sogar sein Ziehvater Josef dachte nur selten an die seltsamen Dinge, die sich bei der Geburt des Knaben ereignet hatten. Nur seine Mutter erinnerte sich immer an sie und bewahrte sie in ihrem Herzen.

DER ZWÖLFJÄHRIGE IM TEMPEL

Als Jesus zwölf Jahre alt war, nahmen ihn seine Eltern zum ersten Mal mit; sie reisten wie viele fromme Juden zum Pessachfest nach Jerusalem. Das war das Fest, das alljährlich zur Erinnerung an den Auszug der Juden aus Ägypten begangen wurde.
Schon lange ehe die drei Jerusalem erreichten, wimmelten die Straßen von Menschen, Karren, Pferden und Kamelen; am Straßenrand standen Händler, die Erfrischungen anboten, und Verkäufer von Opfertieren. Es war ein reges Treiben. Doch dazwischen wanderten stumm und hochmütig mit hageren, bleichen Wangen und aschebestreuten Köpfen schwarz gekleidete Männer, die die Heiterkeit des Volkes offenkundig missbilligten und keinem Menschen einen freundlichen Blick gönnten. Der Knabe Jesus, der mit seinen Eltern, doch dann und wann auch mit Verwandten plaudernd, dahinzog, schien diese ernsthaften und steifen Leute sehr aufmerksam zu betrachten. Maria bemerkte das, nahm ihn an die Hand und flüsterte ihm zu: »Weißt du denn nicht, wer diese Männer sind? Das sind die Pharisäer und Schriftgelehrten. Sie wachen darüber, dass nichts

an unseren heiligen Büchern geändert wird.« Und eine Weile später sagte Maria: »Siehst du, dort in der Ferne steigt jetzt Jerusalem auf.«
Der Knabe warf einen Blick auf die Zinnen der Heiligen Stadt, die sich nun als ferner, blauer Schimmer über den Horizont emporschoben. Von nun an war er schweigsam und in sich gekehrt, und so blieb er die ganze Zeit, die er und seine Eltern in der Heiligen Stadt verbrachten.
Als Josef und Maria nach dem Fest den Tempelbezirk und die Stadt verließen, war der Knabe nicht bei ihnen. Sie suchten ihn und riefen ihn beim Namen. Ein Vorübergehender sagte zu ihnen: »Euer Sohn ist schon vorausgegangen, ich habe ihn mit seinen Verwandten gesehen.«
Die Auskunft beruhigte die Eltern, und sie machten sich auf die Heimreise.
Wir wissen, was dann geschah: Der Knabe Jesus war in Jerusalem geblieben, und seine Eltern suchten ihn umsonst auf dem Weg nach Nazaret und fanden ihn erst wieder, nachdem sie ihn drei Tage lang unter Ängsten gesucht hatten. Sie fanden ihn im Tempel im Kreise der Schriftgelehrten, die er durch seine Weisheit alle in Erstaunen versetzte.
Wir wissen nicht genau, wie er in diesen Kreis gelangt war und wo er sich vorher aufgehalten hatte. In

den heiligen Schriften findet sich darüber nichts Genaues. Es könnte so gewesen sein:
Es war eine wunderschöne, klare Mondnacht, als Eljakim, der Bruder des Hohenpriesters Hannas, aus seinem Hause trat, um noch einen Blick auf den Tempel zu werfen, der nebenan aufragte, und auf die Stadt, die unterhalb des Berges lag. Auch Eljakim war Priester, ein gelehrter Mann, reich und vornehm. Heute Abend war er müde, denn er hatte den ganzen

Tag Gottesdienst gehalten. Trotzdem trat er noch einmal auf seine Hausterrasse.
Im Vorhof des Tempels erblickte er eine kleine, helle Gestalt, sie bewegte sich langsam wie jemand, der alles genau betrachten will. Manchmal trat sie zwischen die Säulen der Wandelgänge hinein, dann wieder ins Freie hinaus, als wollte sie nach den schimmernden Zinnen des Tempels spähen. Es war ein Knabe, der sich zu später Stunde herumtrieb.
»He du!«, rief er ihn an. »Was tust du hier? Weißt du denn nicht, dass es verboten ist, sich nachts im Tempelbezirk aufzuhalten? Wenn dich ein Wächter ertappt, sperrt er dich ein.«
Der Knabe kam sofort herbei, furchtlos und zutraulich, und sagte: »Guten Abend, Eljakim, es ist freundlich von dir, dass du mich warnst.«
»Du kennst mich?«, fragte der Mann.

Der Knabe lächelte: »Freilich kenne ich dich«, und setzte hinzu: »Ich habe dich doch heute im Tempel gesehen.«
»Und wer bist du?«, fragte Eljakim.
»Ich heiße Jesus«, antwortete der Knabe, »meine Eltern wohnen in Nazaret, ich werde des Zimmermanns Sohn genannt.«
»Und wo sind jetzt deine Eltern?«
»Heimgegangen«, antwortete Jesus. »Doch ich wollte noch ein wenig bleiben, um mir das Haus meines Vaters anzusehen.« Dabei wies er mit den Augen zum Allerheiligsten empor.
»Du nennst den Tempel das Haus deines Vaters?«, fragte der Mann erstaunt.
»Gewiss«, sagte Jesus, »du kannst freilich noch nicht verstehen, was ich meine. Aber«, fügte er dann gleichsam begütigend hinzu, »Gott ist ja unser aller Vater.«
»Er ist unser Herr und gestrenger Richter«, erwiderte Eljakim stirnrunzelnd. »Und du scheinst mir ein ziemlich kecker Knabe zu sein, Sohn des Zimmermanns.« Doch dann musste er unwillkürlich lächeln. »Was fange ich jetzt mit dir an? Du kannst dich nicht weiter hier herumtreiben. Komm mit mir in mein Haus; wenn du artig bist, darfst du auch drinnen schlafen.«
Der Knabe folgte Eljakim, ohne zu zögern. Er aß auch von den Speisen, die ihm dieser brachte. Schließlich wies ihm der Priester ein Lager an. Doch Jesus blieb auf seinem Schemel sitzen und blickte mit klaren, wissenden Augen in des Mannes Gesicht.
»Du bist ein guter Mensch, Eljakim«, sagte er, »dein Bruder Hannas ist leider nicht ganz so gut wie du. Aber mir scheint, auch du machst dir Sorgen um Dinge, um die zu sorgen nicht nötig ist. Ich habe dich gesehen, als du von deiner Terrasse auf die Burg des römischen Landpflegers hinüberschautest, und dein Herz war dabei voll Kummer und Zorn.«
Eljakim war so erstaunt, dass er zuerst gar nicht wusste, was er antworten sollte. Dann sprach er:

»Du hast wohl recht, du seltsames Kind. Ich mache mir Sorgen um die Zukunft Israels, und wenn du meinst, dass diese Zukunft nicht wichtig sei …«
»Nur eins ist wichtig«, fiel ihm der Knabe rasch ins Wort, »dass wir das Himmelreich erlangen.«
Eljakim biss sich auf die Lippen. »Und was nennst du das Himmelreich?«
»Die Liebe des Vaters«, antwortete Jesus, »und dass wir nach ihr verlangen, denn dann besitzen wir sie schon. Alles andere wird uns hinzugegeben werden. Gott kennt jeden Sperling auf dem Dach, und bist du nicht sehr viel mehr wert als ein Sperling, Eljakim? Gott hat jedes Haar auf deinem Haupt gezählt und jeden Gedanken deines Herzens erkannt, längst ehe du geboren warst. Wie sollte er dich also vergessen?«
Der Mann schwieg eine Weile. Dann sagte er: »So mag es ja sein. Trotzdem nagt der Kummer um unser Volk an mir. Ich rufe zu Gott, dass er uns endlich den Messias sende.«
»Was, glaubst du, sollte der Messias tun?«, fragte Jesus leise.
»Was er tun sollte?«, wiederholte der Mann. Jetzt hatte er ganz vergessen, dass er nur zu einem Knaben sprach, und hitzig fuhr er fort: »Er soll uns von diesen Römern befreien, die Heiden verjagen und Israel groß machen.«
Jesus nickte. Dann sagte er: »Meinst du nicht, Eljakim, dass alle Völker auf dieser Erde ähnliche Wünsche hegen? Ein jedes glaubt sich doch von Feinden umgeben oder unterdrückt. Jedes möchte die Fremden verjagen und selbst groß sein.«
»Das ist möglich«, antwortete der Mann betroffen, doch dann rief er: »Aber wir sind das auserwählte Volk!«
»Ich weiß«, sprach der Knabe ernst. »Indessen, steht nicht geschrieben, dass Gott zu Abraham sprach: In deiner Nachkommenschaft soll das ganze Menschengeschlecht gesegnet sein?«
»So steht es geschrieben«, gab Eljakim zu.
»Nun siehst du«, sagte Jesus, »doch wie soll das ganze Menschengeschlecht in uns gesegnet sein, wenn der Messias, der uns verheißen ist, nichts anderes tut, als dass er die Heiden verjagt und ein starkes Reich begründet? Die Erde ist groß«, fuhr er leise fort, »und sie trägt viele Völker. Für alle soll der Messias erscheinen.«
»Was sprichst du da?«, fragte der Mann. »Für alle?«
»Für alle«, antwortete das Kind. »Denn alle hat Gott erschaffen und auf alle seine Hoffnungen gesetzt.«
»Nein!«

»Doch, Eljakim! Die Liebe des Vaters ist unendlich. Ich kann dir jetzt noch nicht alles sagen. Es gibt ein Geheimnis, das du nicht weißt und auch kein anderer und das jetzt noch nicht geoffenbart werden kann. Aber ich will dir eine Stelle aus unseren heiligen Büchern nennen, du kennst sie bestimmt, und vielleicht kannst du ahnen, was sie bedeutet.« Und Jesus ergriff Eljakims Hand und redete ganz leise:

»Ehe die Erde war, war ich,
ehe die Berge gegründet wurden und die
Hügel und Meere –
ich war, ehe der Morgenstern aufging.
Der Herr hat mich gehabt von Anfang an,
ich bin eingesetzt von Ewigkeit.
Es war meine Freude, bei den Menschenkindern zu sein,
allezeit bei den Menschenkindern.«

Am nächsten Morgen nahm der Priester Eljakim Jesus mit in den Tempel und stellte ihn den anderen Priestern vor; und Jesus saß zwischen den hochgelehrten Männern und sprach zu ihnen, und alle staunten über seine Worte.

JESUS WIRD IM TEMPEL GEFUNDEN

Indessen zogen Josef und Maria auf der Straße gegen Nazaret weiter. Wir wissen ja: Man hatte ihnen gesagt, ihr Sohn sei mit Verwandten schon vorausgegangen. So beeilten sie sich, ihn einzuholen. Aber ihre Eile war vergeblich. Zwar erreichten sie immer wieder ein Grüppchen Nazarener, Freunde, Nachbarn, Vettern. Doch niemand von ihnen hatte den Knaben mitgenommen. Nun hatten sie bereits die Leute eingeholt, die schon vor der Beendigung der Pessachfeier von Jerusalem aufgebrochen waren, und auch sie hatten Jesus nicht gesehen. Da war es klar: Der Knabe war in der Stadt zurückgeblieben, irgendwo in der fremden Stadt, wo er sich nicht auskannte, wie sie meinten, und wo ihm alles Mögliche zustoßen konnte.

Also kehrten sie um. Hatten sie sich vorher beeilt, jetzt hasteten sie den weiten Weg zurück. Die Riemen an Marias Schuhen zerrissen. Doch sie wollte nicht warten, bis Josef sie wieder geflickt hatte; barfuß wankte sie weiter, blind von Tränen, blind vor Angst und Schmerz. Endlich erreichten sie die Stadt, und nun suchten sie überall: in der Herberge, in der sie selbst übernachtet hatten, in der Vorstadt Betesda, in der Unterstadt Akra, am Teich Siloe. Die Nacht kam und verging, es wurde Morgen und wieder Abend und noch immer hatten sie Jesus nicht gefunden.

Für eine Stunde versanken die beiden auf der Schwelle eines Hauses in den Schlaf tiefer Erschöpfung. Dann schrak Maria wieder auf und begann in den nächtlichen Gassen herumzuirren und den Namen Ihres Kindes Jesus zu rufen, erst zaghaft, dann immer lauter, bis ein Wächter auf sie zutrat und sie barsch zur Ruhe wies.

Am dritten Morgen hatten die Eltern schon alle Hoffnung aufgegeben. Mit ihren letzten Kräften schleppten sie sich zum Tempel hinauf. Doch als sie den Vorhof des Tempels betraten, sahen sie etwa ein Dutzend Priester und Schriftgelehrte in einer schattigen Nische sitzen, einige hatten Papyrusrollen neben sich liegen, einige schrieben auf Wachstäfelchen. Josef wollte schon vorübergehen, aber Maria sah sich noch einmal um. Sie stieß einen Schrei aus, und ein paar Sekunden später hielt sie ihr Kind, laut aufweinend, in den Armen. Nun kam auch Josef herbei und drückte beide schluchzend an seine Brust. Auch Jesus hatte Tränen in den Augen.

Die Männer hatten sich erhoben und blickten betroffen und gerührt zu ihnen hinüber. Einer von ihnen, es war Eljakim, trat auf die Eltern zu und versuchte ihnen begütigend zuzureden. Doch Maria und Josef verstanden nicht, was er sprach.

»Kind, ach Kind!«, rief die Mutter. »Warum hast du uns das angetan? Dein Vater und ich haben dich drei Tage lang mit Schmerzen gesucht!«

Der Knabe nahm das Gesicht seiner Mutter in beide Hände und wandte es dem Tempel zu. Maria fühlte, dass er selbst zitterte.

»Ach, meine liebe Mutter«, flüsterte er, »warum habt ihr mich gesucht? Wusstet ihr denn nicht, dass ich hier sein musste, im Hause meines Vaters?«

Nun kehrte die Familie nach Nazaret zurück in ihr stilles und bescheidenes Leben, das arme und eintönige Leben einer kleinen Handwerkerfamilie. Wie zuvor bearbeitete Josef Stämme und Balken und zimmerte aus ihnen Dachstühle, Mehltruhen, Teigtröge, Schemel und was ein Zimmermann damals sonst noch zu arbeiten hatte. Jesus half ihm dabei. Nun war er schon ein Jüngling und bald ein junger Mann, er nahm zu an Alter, Weisheit und Gnade vor Gott und den Menschen. Er war seinen Eltern untertan, und niemand wusste, wer er in Wirklichkeit war.

Er war beinahe dreißig Jahre alt, als Josef starb. Alle Leute in Nazaret erwarteten, dass er die Werkstatt seines Vaters weiterführen werde. Doch eines Morgens fiel ihnen auf, dass das gewohnte Hämmern darin verstummt war, und als sie nachsahen, war die Tür verschlossen.

JOHANNES DER TÄUFER

Unterdessen war auch Johannes, der Sohn des Priesters Zacharias, ein erwachsener Mann geworden. Aber er war nicht, wie Jesus, bis zu seinem dreißigsten Jahr im Hause seiner Eltern geblieben, sondern war schon vorher von ihnen fort in die Wüste gegangen.

Warum in die Wüste? Was suchte er dort? Und warum hielten ihn seine Eltern nicht zurück, als er in diese Öde und Einsamkeit zog?

Die Wüste galt von jeher als der Ort, wo sich Gott am liebsten offenbarte. In der eintönigen Landschaft von Bet-El hatte Jakob die Leiter gesehen, die bis an den Himmel reichte; auf dem felsigen Berg Sinai in der Wüste hatte Mose die Gesetzestafeln geschrieben und in den Schluchten kahler Felsengebirge hatte der Prophet Elija die Stimme des Herrn vernommen.

Darum zog auch Johannes in die Wüste, denn ihn hatte Gott berufen, ehe er geboren war. Schon als Knabe hatte er aus dem Mund seines Vaters Zacharias und auch aus dem Mund seiner Mutter Elisabet oft und oft gehört, was ihnen damals der Engel kundgetan hatte.

»Du, unser Sohn Johannes«, hatten sie gesagt, »wirst dem Erlöser vorausgehen und ihm den Weg bereiten. Du, unser Sohn, wirst den ankündigen, auf den unser Volk seit tausend Jahren wartet.«

Johannes nahm diese Worte offenen Herzens auf. Je älter er wurde, desto öfter dachte er über sie nach, und allmählich ergriff ihn eine freudige Unruhe. Wer konnte wissen, wann der Erlöser geboren wurde? Vielleicht kam er schon morgen, vielleicht erst in einem Jahr oder in einem Jahrzehnt? Aber wenn er erschien, sollte ihm der Weg bereitet sein. War es nicht höchste Zeit, dieses Werk zu beginnen?

Ja, es war Zeit. Auch Zacharias und Elisabet waren dieser Meinung. So ließen sie ihren einzigen Sohn ziehen und hielten ihn nicht zurück.

Doch worin bestand die Aufgabe, zu der Johannes berufen war? Wenn ein hoher Gast erwartet wird, werden große Vorbereitungen getroffen. Das ganze Haus wird gescheuert und geschmückt, der Tisch gedeckt, die besten Speisen bereitgestellt und jedermann zieht seine schönsten Kleider an. Ist der Gast gar ein König oder sonst ein mächtiger Mann, werden Fahnen ausgesteckt, ein Musikzug marschiert

auf, ja, man rollt sogar rote Teppiche aus, als könnte dem Erwarteten, wenn er ankommt, nicht zugemutet werden, über die nackte Erde zu schreiten.
Nun aber war der Gast, dessen Ankunft Johannes vorbereiten sollte, der allerhöchste Gast, der je auf Erden gewandelt war, Christus, der Heiland, Gottes eingeborener Sohn. Musste da nicht das größte Freudenfest aller Zeiten gefeiert werden?
Nein. Johannes wusste wohl: Diesem Gast war nicht mit geschmückten Häusern, Wimpeln, Girlanden und Trompetenklängen gedient. Er erwartete nicht, in Palästen zu tafeln und über Purpurteppiche zu schreiten. Er würde vielmehr auf steinigen Wegen wandern und die Last der Armut tragen; er würde nicht zu den Großen dieser Welt, sondern zu den Kleinen, Schwachen und Kranken kommen, um ihnen die »Frohe Botschaft« zu verkünden.
Was Johannes tun sollte, wozu er, nach den Worten des Engels, von Gott berufen und ausgeschickt worden war, das hatte mit der Vorbereitung eines großen lauten Freudenfestes sehr wenig Ähnlichkeit. Es sollte vielmehr etwas ganz Leises, Stilles, nahezu Unsichtbares sein: Die Herzen der Menschen sollten auf die Ankunft des Heilands vorbereitet werden; sie sollten lernen, auf ihn zu hoffen, ihm zu vertrauen, und kein anderer als Johannes sollte das vollbringen.
Sein Herz brannte vor Verlangen, diese Aufgabe zu erfüllen.
Deshalb ging er in die Wüste. Alles ließ er zu Hause zurück: die feinen Kleider, die ihm seine Mutter Elisabet gewoben und genäht hatte, die täglichen Mahlzeiten am Tisch seiner Eltern, das sichere Dach über dem Kopf. Was konnte ihm das alles bedeuten? Das einzige Gewand, das er von nun an trug, war ein rauer Kittel aus Kamelhaar; seine Nahrung bestand aus Heuschrecken und wildem Honig; als Wohnung diente ihm eine Höhle; oft übernachtete er unter freiem Himmel und wanderte am Rand der Wüste umher. Er wusste: Schon war der Heiland in diese Welt gekommen, schon wohnte er in diesem Land in irgendeinem Dorf, in irgendeiner Stadt. Aber wo? In Judäa oder Galiläa, im Norden, Süden, Osten oder Westen? Noch war er verborgen, aber Johannes streckte die Arme voll Sehnsucht und Verlangen nach ihm aus und betete, wie schon die Propheten vor vielen hundert Jahren um den Erlöser ihres Volkes gebetet hatten: »Taut, ihr Himmel, von oben, ihr Wolken, lasst Gerechtigkeit regnen!«

Doch am Tag, wenn sich die Wege belebten, wenn einzelne Wanderer oder auch größere Karawanen mühsam durch das knirschende Geröll heranzogen, ging Johannes zu ihnen hin, sprach sie an und bat sie, ihm ein wenig zuzuhören.
»Tut Buße«, sagte er, »denn die Stunde ist nahe, da der Messias erscheint!«
Einige hörten ihm zu, aber andere hatten es eilig, weiterzuziehen, und sprachen: »Lass uns gehen, wir haben noch einen langen Weg vor uns!« Und wieder andere meinten: »Was willst du mit deinem Messias? Wir glauben an Abraham, genügt das nicht?«
»Nein«, antwortete Johannes, »das genügt nicht mehr. Eine neue Zeit bricht an. Gott will einen neuen Bund mit uns schließen, ein neues Volk soll aus Abrahams Stamm heranwachsen.«
»Wie meinst du das?«, erwiderten jene. »Abraham ist doch längst gestorben, wie soll da ein neues Volk aus seinem Stamm hervorgehen?«
Johannes rief: »Oh, ihr Törichten! Blickt um euch! Seht ihr diese Steine? Glaubt ihr, Gott habe nicht die Macht, aus jedem Einzelnen von ihnen Abraham ein neues Kind zu erwecken?«
Sie schüttelten die Köpfe, ließen ihn stehen und zogen weiter. Aber Johannes folgte ihnen, oder er wandte sich den Nächsten zu, die herankamen, und versuchte zu ihnen zu reden.

So gelangte er eines Tages an den Jordan, wo eine Furt durch den Fluss hindurchging. Hier legten die meisten Wanderer eine Rast ein, Reiter und Kameltreiber tränkten ihre Tiere, die Ermatteten wuschen ihre wunden Füße, und manche wuschen sogar ihre Kleider und breiteten sie zum Trocknen ins Gras aus. Da dachte Johannes: Hier ist ein guter Platz. Hier nehmen sich die Menschen Zeit, zu rasten, hier werden sie sich auch Zeit nehmen, mir zuzuhören. So eilte er an das Ufer hinab und sprach die Leute an – und richtig! Sie hörten ihm zu, und je mehr er sprach, desto aufmerksamer lauschten sie seinen Worten, und viele glaubten ihm und sprachen: »Sag uns, was wir tun sollen, um Gottes Gnadenreich zu erlangen.«

Ja, was sollten sie tun? Sie sollten sich von ihren Fehlern und bösen Gewohnheiten trennen. Der Streitsüchtige sollte sich mit seinen Brüdern versöhnen, der Reiche sollte dem Armen von seinem Überfluss abgeben, der Trunkenbold sollte nicht mehr so viel trinken, der Starke und Stolze sollte keine Gewalt üben. Tausend Sünden und Fehler hatten ihre Herzen befleckt und ihre Seelen verdorren lassen.

Doch wie sollte Johannes diese Flecken von ihren Herzen waschen? Wie sollte er ihre Seelen mit neuem Leben und neuer Kraft erfüllen? Er blickte hinab in den Fluss: Der strömte daher mit reinem, klarem Wasser, und das Tal, das er durcheilte, war ein blühender Garten mitten in der Wüste. Johannes dachte daran, dass Mose so viele Gesetze gegeben hatte, wie oft und wann sich ein Mensch zu reinigen habe, wie oft er seinen Leib und seine Kleider waschen sollte. Johannes wusste: Nun tat es nicht sosehr Not, die Leiber und Kleider, als die Herzen zu reinigen und die Seelen zu erneuern. Doch wie sollte er den Menschen zeigen, dass das möglich sei und dass Gott darauf wartete, die ganze Menschheit von ihren Sünden zu befreien und sie mit neuem Leben zu durchdringen?

Da rief Johannes: »Steigt hinein in den Fluss! Ich will euch taufen.«

Und wirklich stiegen viele in den Fluss hinab und Johannes taufte sie. Sogleich fühlten sie sich froh und frei und wie neugeboren, und jeder von ihnen wollte von nun an ein besseres Leben beginnen. Wenn sie dann fortgingen und heimkehrten, erzählten sie von dem, was mit ihnen geschehen war.

JESUS LÄSST SICH TAUFEN

Längst hatten auch die Pharisäer und Schriftgelehrten von Johannes gehört. Es ließ ihnen keine Ruhe, dass es einen Mann gab, der – ohne sie zu fragen – das Volk um sich versammelte, predigte, taufte und von dem die Leute erzählten, dass er ein großer Prophet sei. Was ist das für ein Mensch, dachten sie, dass er sich so viel herausnimmt? Sie erteilten einigen Leviten und Priestern den Auftrag, zu Johannes an den Jordan zu reisen und ihn auszuforschen.

»Wer bist du?«, fragten sie ihn vor der versammelten Menge. »Bist du etwa Elija?«

Johannes schüttelte den Kopf und sagte: »Nein, Elija bin ich nicht.«

»Aber ein Prophet bist du doch?«, fragten sie weiter.

Er antwortete: »Auch ein Prophet bin ich nicht.«

Da trat einer von den Leviten vor und fragte: »Dann bist du vielleicht Christus, der verheißene Messias?«

Johannes blickte den Sprecher an und schwieg einen Augenblick. Dann sagte er: »Nein, ich bin auch nicht Christus, der Messias. Ich bin nur die Stimme eines Rufenden in der Wüste. Nach mir kommt ein Stärkerer, als ich es bin. Ich taufe nur mit Wasser, aber er wird euch mit Feuer und dem Heiligen Geist taufen.«

Während er redete, sah er über die versammelte Menge hin, sie stand dicht gedrängt, Kopf an Kopf, vom Ufer des Flusses bis an den Hügelrand. Mit einem Mal fühlte Johannes, dass mitten unter den unzähligen Menschen sich einer befand, der mehr war als alle anderen, und dass eine große Kraft von ihm ausging; Johannes fühlte diese geheimnisvolle Kraft wie eine unsichtbare Welle auf sich zukommen, er fühlte, wie sie ihn durchdrang und sein Herz mit einer unsäglichen Freude durchglühte.

Da streckte er den Arm aus und rief: »Er, von dem ich rede, ist schon mitten unter euch.«

»Mitten unter uns?«, fragten die Leute und wendeten die Köpfe hin und her, als wollte jeder seinen Nachbarn fragen: Bist du es?

Doch niemand sagte: Ich bin es.

Auch Jesus sagte es nicht. Doch er war wirklich da, einer von den vielen, herübergewandert aus Nazaret, unerkannt in der Menge, unerkennbar sogar, denn er wollte nicht Zeugnis von sich selbst geben, ehe sein Vater im Himmel für ihn gezeugt hatte. Aber er wusste: Die Stunde, in der das geschehen würde, war ganz nahe gekommen.

Schon am anderen Morgen erschien Jesus wieder am Jordan, und diesmal trat er aus der Menge hervor und auf Johannes zu, und sie standen Auge in Auge. Da wies Johannes auf Jesus und stammelte: »Das ist er!« Dann rief er mit lauter Stimme: »Dieser ist das Lamm Gottes, das die Sünden der Welt hinwegnimmt.«

Sofort wichen die Menschen von Jesus zurück, es bildete sich eine Gasse in der Menge, und durch die-

se ging Jesus zum Fluss hinab, stieg in das Wasser und sagte: »Taufe mich, Johannes!« Johannes begann zu zittern und sagte: »Wie? Ich soll dich taufen, ich, der ich nicht einmal wert bin, deine Schuhriemen aufzulösen?« Doch Jesus sagte noch einmal: »Taufe mich! Denn es ist nötig, dass alle Gerechtigkeit erfüllt werde.«
Johannes trat gleichfalls in den Fluss, schöpfte Wasser in die hohle Hand und hob sie auf, um sie über Jesu Haupt auszugießen. In die-

sem Augenblick öffnete sich der Himmel, ein Lichtstrahl spaltete die Wolken, und wie eine Taube schwebte der Lichtstrahl hernieder und blieb mit ausgebreiteten Flügeln über Jesu Haupt stehen. In die atemlose Stille sprach eine mächtige Stimme: »Dieser ist mein sehr geliebter Sohn, an dem ich mein Wohlgefallen habe.«
Johannes benetzte Jesu Haupt mit dem Wasser des Jordans, und Jesus dankte ihm und ging durch den Fluss an das jenseitige Ufer.

Der Lichtstrahl erlosch, und auch die Taube verschwand in der Luft wie Rauch; der Fluss begann wieder zu rauschen und zu murmeln, und die Menschen drängten zu Johannes hin und fragten ihn: »Was war das für eine Stimme? Von wem sagte sie: Dieser ist mein geliebter Sohn? Meinte sie jenen oder dich?«
Johannes antwortete: »Sie meinte jenen, Jesus von Nazaret. Von nun an wird er zu euch reden und ich werde verstummen.«

DIE VERSUCHUNG

Nun war das große Wort gesprochen: Der allmächtige Gott hatte sich zu Jesus als seinem eingeborenen Sohn bekannt, und wenn dieses Wort auch nur von verhältnismäßig wenigen Menschen vernommen worden war, so erscholl es doch mächtig durch die himmlischen Räume, es drang durch das ganze Weltall und auch in die Hölle, wo Satan, der gefallene Engel Luzifer, saß. Er lauschte auf und erbebte. Er wusste, das Erlösungswerk hatte seinen Anfang genommen, die Macht der Hölle begann zu wanken, die Liebe Gottes schickte sich an, ihm, dem Fürsten dieser Welt, sein Reich zu entreißen.
Das wollte Satan nicht dulden, und so fasste er den Plan, die Erlösung zu verhindern und, wenn möglich, das Werk Gottes zu hemmen.

Gott war Mensch geworden. Darauf setzte Satan seine Hoffnung, eine verzweifelte Hoffnung, denn er glaubte die Menschen zu kennen: schwach und jeder Versuchung zugänglich. Hatte nicht Eva schon beim ersten Schmeichelwort der Schlange nach der verbotenen Frucht gegriffen? War nicht Kain sogleich über seinen Bruder Abel hergefallen, als der Funke des Neides und der Eifersucht in sein Herz geflogen war? Sogar der fromme König David war der Versuchung erlegen.
So musste auch Jesus, Gott und Mensch zugleich, als Mensch zu verführen sein. So dachte Satan, und von dieser Hoffnung belebt, kroch er hervor ans Tageslicht und ließ seine glühenden Blicke über die Wüste schweifen: Wo war der Gottmensch? Wo weilte Jesus?
Ja, Jesus befand sich in der Wüste. Auch er war in die Wüste gegangen wie Johannes. Er weilte an einem einsamen Ort und sprach mit seinem himmlischen Vater. Er aß und trank nicht, das dauerte nun schon an die vierzig Tage, und es hungerte ihn sehr. Seine Kräfte waren geschwunden. Manchmal wurde es dunkel vor seinen Augen.

Das sah Satan, und als sich Jesus nur mühsam von seinen Knien erhob und sich fast wie ein Blinder durch die Steine vorwärtstastete, schob er sich ihm in den Weg und sprach ihn an: » Sei mir gegrüßt, Sohn Gottes!« Jesus öffnete die matten Augen.
»Du bist es?«, sagte er. »Ich hätte es mir denken können, dass du mir in dieser Stunde begegnen wirst.« Aber Satan ließ sich nicht beirren.

»Wie siehst du aus?«, höhnte er, »du Allmächtiger, Herrlicher, Starker! Schwach bist du geworden, bleich und elend und sehr hager. Der Hunger zehrt an dir, und es fehlt nicht viel, dass du tot umfällst, du Allewiger. Doch bist du wirklich Gottes Sohn, braucht dich das nicht zu bekümmern. Auf ein Wort von dir verwandeln sich diese Steine in Brot.«
Brot!, hörte Jesus und überlegte kurz. Doch er richtete sich auf und sprach: »Der Mensch lebt nicht von Brot allein, nicht nur, um zu essen und zu trinken, wie oft du das auch behaupten magst. Der Mensch lebt vielmehr von Gottes Wort, aus dem Geist und für die Wahrheit.«
Satan stieß einen Schrei der Wut aus. Doch gleich hatte er sich wieder in der Gewalt und sagte: »Ich merke, so leicht bist du nicht in Versuchung zu führen. Kein Wunder, mein Gebieter, denn deine Göttlichkeit ist über Hunger und Durst erhaben. Doch wenn du erlaubst, so geleite ich dich nach Jerusalem auf den heiligen Berg Zion, auf die Zinne des Tempels. Dort können wir weiterreden.«

Jesus schwieg und ließ geschehen, was Satan vorgeschlagen hatte, denn er wusste: Nur so konnte er diesen überwinden.
Im nächsten Augenblick stand er auf der Zinne des Tempels, hoch über der Stadt Jerusalem. Zu seinen Füßen gähnte die Tiefe. Winzig wie Ameisen krabbelten Menschen und Tiere in den Gassen. In den Gärten

unter ihm wogte das Laub der Bäume wie grünes Gewölk, und der Rauch, der über den Dächern aufstieg, wirkte wie ein weißer wehender Schleier. Und der Satan sann in heuchlerischer Weise zur Versuchung nach Worten der Heiligen Schrift.
»Lass dich doch fallen!«, sprach Satan. »Wirf dich hinab! Wenn du der Sohn Gottes bist, wird dir trotzdem kein Leid geschehen. Schon harrt eine Legion Engel, um dich aufzufangen, das weißt du doch?«
Ja, Jesus wusste es. Aber er wandte den Blick von der Tiefe ab und sprach: »Du sollst Gott, deinen Herrn, nicht versuchen.«
Da ergriff ihn Satan und flog mit ihm auf einen sehr hohen Berg, den allerhöchsten eisigen Gipfel. Der Ausblick war unendlich weit. Unzählige Länder lagen im Kreis ausgebreitet, das schimmernde Meer mit seinen Inseln, die geschwungenen Säume der Küsten, die blühenden Gefilde an den großen Strömen und dazwischen Städte, hingestreut wie Perlen. »Blicke nur um dich!«, knirschte Satan, »und sieh sie dir an, meine Welt. Ich will sie dir schenken und zu Eigen geben, dass dir alles untertan sei, das stolze Rom, das übermütige Alexandrien und das liebliche Griechenland; das herrliche Indien, das menschenwimmelnde China, alles lege ich in deine Hand. Den römischen Kaiser lege ich dir zu Füßen und alle Könige dieser Erde, die blonden Barbaren im Norden, die Schwarzen im Süden und noch den letzten fernsten Stamm am Rande der Welt. Du magst sie regieren, wie du willst, und dein Reich aufrichten über ihnen, wenn du hier niederkniest und mir huldigst.«
Jesus wandte das Haupt und blickte Satan an, und in seinen Augen war etwas Unbeschreibliches: Zorn und Verachtung und Schmerz. »Weiche von mir«, sprach er, »du Unseliger! Du sollst Gott, deinem Herrn, dienen und ihn allein anbeten.«
Ein Donnerschlag folgte, und Satan stürzte hinab über die eisigen Wände, und von Blitzen umzuckt, verschwand er in der Tiefe.
Doch im selben Augenblick war Jesus wieder in der Wüste, wo er zuletzt gebetet und gefastet hatte. Die vierzig Tage waren um. Der Himmel öffnete sich. Engel stiegen hernieder, um dem Sohn Gottes zu dienen und ihn zu laben.

DIE HOCHZEIT ZU KANA

Jesus kehrte zu den Menschen zurück und begann, wie Johannes vorhergesagt hatte, öffentlich zu reden und zu allem Volk zu sprechen. Bald sammelte er auch seine ersten Jünger um sich. Er wollte, dass die Menschen auf ihn hören lernten und sich das Gehörte still zu Herzen nähmen. Durch seine Worte wollte er sie bekehren.

Eines Tages erhielt er die Nachricht, dass er und seine Mutter zu einer Hochzeit eingeladen seien. Die Hochzeit fand in Kana statt, und das Brautpaar waren Kinder ärmerer Leute.

Doch auch die Ärmsten feiern in jenen östlichen Ländern ihre Feste am liebsten mit vielen Gästen und einem tüchtigen Schmaus. Da darf natürlich auch der Wein nicht fehlen; sogar ein Speisemeister wird bestellt, der die Aufsicht in der Küche führt.

Manchmal kommen mehr Gäste, als geladen sind. Dann kann es geschehen, dass Speise und Trank

nicht reichen und die Gastgeber in große Verlegenheit geraten.
So ging es auch auf dieser Hochzeit zu Kana. Obwohl der Wein nicht gerade vom Besten und wenig würzig gewesen war, wurde er knapp, und schließlich war auch der letzte Krug geleert.
Maria bemerkte, dass sich der Speisemeister an den Bräutigam wandte. Sie steckten die Köpfe zusammen und flüsterten. Der Bräutigam wurde dunkelrot, aber er hatte weder mehr Wein noch auch Geld, um neuen zu kaufen. Der Speisemeister schien verdrossen und entfernte sich achselzuckend.
Maria erriet sofort, was geschehen war, und ging in den Hof, wo Jesus saß und mit einigen seiner Jünger, die ihn begleitet hatten, sprach. Sie beugte sich über seine Schultern und sagte leise: »Der Wein ist ihnen ausgegangen. Kannst du ihnen nicht helfen?«
Jesus wusste, was seine Mutter meinte. Doch er zögerte und sprach: »Frau, was verlangst du von mir? Meine Stunde ist noch nicht gekommen.«

Maria drang nicht weiter in ihn, sie legte ihm nur die Hand auf die Schulter und für einen Augenblick lehnte sie ihre Wange liebevoll an die seine. Dann kehrte sie in den Festsaal zurück. Dort wandte sie sich an die Diener und sagte: »Seht ihr den jungen Mann da draußen? Er ist mein Sohn. Wenn er hereinkommt und euch einen Auftrag gibt, dann tut, was er euch befiehlt.«
Maria setzte sich in einen Winkel und wartete.
Wirklich dauerte es nur eine kleine Weile, bis Jesus hereinkam. Er schaute sich nach dem Brautpaar um. Der Bräutigam saß jetzt mit finsterer Miene an der leeren Tafel, denn etliche Gäste hatten angefangen, ihn zu verspotten: »Wo bleibt der Wein?«
Die Braut weilte im Kreis ihrer Brautjungfern und zupfte blass und verwirrt an ihrem Schleier.
Es war ganz offensichtlich, dass ihnen das schönste Fest des Lebens so gut wie verdorben war.
Jesus winkte den Dienern und sprach zu ihnen. »Füllt alle Krüge mit Wasser!«
Die Diener wunderten sich, aber sie gehorchten.
Dann sagte Jesus: »Und nun füllt einen Becher und bringt ihn dem Speisemeister.«
Die Diener taten auch das.
Der Speisemeister nahm den Becher, roch daran und kostete. »Wein!«, rief er verwundert und hocherfreut. »Köstlicher Wein! Woher habt ihr ihn genommen?« Er lief zum Bräutigam und sagte: »Höre, mein Lieber, du bist ein Spaßvogel! Du hast mich vorhin ganz schön zum Besten gehalten. Du sagtest, du habest nichts mehr im Keller und auch kein Geld, um neuen Wein zu kaufen. Und jetzt bewirtest du die Gäste mit dem köstlichsten Rebensaft, den meine Zunge je gekostet hat.«
»Wie?«, wunderte sich der Bräutigam. »Ich weiß von nichts.«
»Spaßvogel!«, wiederholte der Speisemeister und nahm noch einen Schluck aus dem Becher, »so etwas ist mir noch nie untergekommen, solange ich Speisemeister bin. Aber eins«, fuhr er dann leiser fort, »muss ich dir schon sagen: Du hättest schlauer

daran getan, den guten Wein zuerst zu geben. So ist es doch üblich. Sieh dir deine Gäste an! Die meisten sind schon so weit, dass sie einen edlen Tropfen von einem schlechten nicht mehr unterscheiden können.«
Jesus hatte dieses Gespräch von weitem mit angehört. Nun wandte er sich um und lächelte seiner Mutter zu, und sie lächelte zurück und nickte. Er wollte zu seinen Jüngern zurückkehren. Doch sie standen schon neben ihm und staunten, denn sie hatten bemerkt, was geschehen war.

WER IST DIESER JESUS?

Jesus begleitete seine Mutter nach Nazaret zurück. Er hatte sein erstes Wunder gewirkt, er war am Jordan nicht nur von Johannes, sondern auch von einer geheimnisvollen himmlischen Stimme als der Heiland und Gottessohn bezeichnet worden.
Die Kunde von diesen Dingen verbreitete sich rasch, und die Leute in Nazaret spitzten die Ohren. Wie, der Zimmermannssohn sollte der Messias sein? Sogar Wunder konnte er wirken, war das zu glauben? Nein. Sie hatten doch Jesus von Kindesbeinen an gekannt, sie kannten seine Mutter, seine Vettern, Basen, Oheime, sie hatten ihn doch selbst erst vor kurzer Zeit in seines Vaters Werkstatt arbeiten sehen.
»Hat er nicht erst neulich deinen Dachstuhl gezimmert?« – »Und mir eine Mehltruhe.« – »Und mir hat er im letzten Sommer einen Getreidesack tragen geholfen!« – »Und für mich einmal die Schafe zur Tränke getrieben!« Dieser Mann sollte auf einmal der Messias sein? Nein, das glaubten sie nicht und lachten und stießen einander in die Rippen, wie richtig dumme Jungen, die es nicht fassen können, dass einer unter ihnen sei, der mehr wäre als sie selbst.
Doch einige Leute waren anderer Meinung, und gegen die Partei der Spötter bildete sich eine zweite Gruppe. Dass Jesus der verheißene Heiland sein sollte, das kümmerte sie wenig. Doch dass er zu Kana Wasser in Wein verwandelt hatte, das schien ihnen gewaltig und erstaunlich. Was er in Kana getan hatte, konnte er doch wohl auch in seiner Vaterstadt Nazaret tun, nicht wahr? Und gleich stellten sie sich vor, wie herrlich es sein würde, wenn Jesus auch hier Wasser in Wein verwandelte, in köstlichen Wein noch dazu. Den wollten sie auf den Markt nach Jerusalem bringen und zu teuren Preisen verkaufen. Vielleicht vermochte er auch noch andere Wunder zu wirken, etwa die Ernte zu verdoppeln, den Ertrag der Herden zu verdreifachen und so fort?
Schon rechneten sie sich aus, welchen Gewinn ganz Nazaret davon ziehen könnte, wenn Jesus zurückkehrte und sich hier niederließe.
So dachten diese Leute, und man muss schon sagen: Es ist schwer zu entscheiden, welche dümmer dachten und sich kläglicher irrten, die groben Spötter oder die schlauen Rechner. Beide waren ganz

ahnungslos. Jesus wusste das alles, als er mit seiner Mutter noch einmal nach Nazaret zurückkehrte, und eine große Traurigkeit erfüllte sein Herz.
Diese Stadt war seine Heimat, aber er war ein Fremdling in ihren Mauern, und außer seiner Mutter würde ihn hier niemand begreifen. Er las in den neugierigen und hämischen Mienen, mit denen ihn die Leute betrachteten, er vernahm das Tuscheln und Raunen hinter seinem Rücken, und er wusste ganz genau, was das törichte Kichern der einen und was die liebedienerischen Bücklinge der anderen bedeuteten.
Am Abend erschien der Vorsteher des Städtchens und lud Jesus ein, am nächsten Morgen in der Synagoge zum Volk von Nazaret zu sprechen. Maria erkannte die Gefahr, in der ihr Sohn schwebte, und bat ihn, nicht hinzugehen und sich vielmehr zu verbergen. Jesus beruhigte sie und sprach: »Ich bin in diese Welt gekommen, um für alles Rechte und alles Wahre Zeugnis abzulegen. Viele werden mich nicht begreifen. Doch reden muss ich zu ihnen allen.«
Am nächsten Morgen begab sich Jesus in die Synagoge. Eine Synagoge war kein Tempel, sondern ein einfacher Betsaal, zu dem jeder jüdische Mann Zutritt und von seinem dreißigsten Lebensjahr an sogar das Recht hatte, öffentlich zu sprechen. Meistens ging das so vor sich, dass sich der Betreffende eine Stelle aus den heiligen Büchern wählte, sie vorlas und dann vor seinen Zuhörern mehr oder minder gut auszulegen versuchte.
Als Jesus die Synagoge betrat, war sie schon bis zum letzten Platz besetzt. Beide Gruppen hatten sich ein-

gefunden: die Spötter und die Rechner. Dazwischen standen auch etliche gutwillige fromme Leute. Jesus bestieg das Podium und ließ sich eine Schriftrolle reichen. Ehe er sie öffnete, blickte er um sich.
Dort standen seine Vettern, seine Spielgefährten von ehedem. Wie oft hatte er jeden Einzelnen von ihnen seinen Bruder genannt oder war von ihnen als Bruder bezeichnet worden! Dort stand einer der Hirten, bei denen er als Knabe auf dem Feld gewesen war; dort ein Bauer, dem er beim Pflanzen und Ernten geholfen hatte. Er liebte sie alle, und doch musste er die einen, die Spötter, nun zurechtweisen und die anderen, die Rechner, enttäuschen. So griff er nach der Pergamentrolle, öffnete sie und las eine Stelle aus den Prophezeiungen des Jesaja:
»Der Geist des Herrn ruht auf mir. / Er hat mich erwählt, / damit ich den Armen die frohe Botschaft bringe, / die Kranken heile, den Blinden das Augenlicht wiedergebe, / die Gebeugten aufrichte, die Gefangenen befreie. / Ich rufe das Gnadenjahr des Herrn aus.«
Nun rollte Jesus die Schrift zusammen und setzte sich. Aller Augen waren auf ihn gerichtet. Er sprach: »Das Schriftwort, das ihr vernommen habt, ist hier und heute in Erfüllung gegangen.«
Da rief einer der Spötter aus der Menge: »Bist du etwa der Erwählte des Herrn?«
Jesus antwortete: »Ja, der bin ich.«
Die Spötter lachten, doch die anderen zischten sie nieder, und einer der Rechner rief: »Schere dich nicht um sie. Du hast gut gesprochen. Bleibe bei uns und wirke deine Wunder. Dann haben wir das Gnadenjahr des Herrn.«
Jesus antwortete – und dabei wandte er sich zuerst nach der Seite, wo die Spötter standen: »Ich weiß«, sagte er, »ihr kennt mich nur als des Zimmermanns Sohn, als euresgleichen also. Darum glaubt ihr mir nicht. Welcher Prophet gilt schon in seiner Heimatstadt? Vielleicht werdet ihr mit der Zeit klüger. Dann mögt ihr euch schämen, dass ihr mich einmal verspottet habt.« Darauf wandte er sich zu den anderen und sprach: »Und ihr wünscht, ich soll bei euch bleiben und Wunder verrichten, damit Nazaret reich und groß werde, nicht wahr? Eure Zustimmung ist nicht viel besser als der anderen Spott. Lasst euch an eine Geschichte erinnern, die im Buch der Könige steht: In den Tagen des Propheten Elija herrschten große Dürre und Not im Land Israel. Da sandte Gott den Propheten zu einer Witwe, die nahm ihn auf, obwohl sie selbst samt ihrem Sohn nahe daran war, am Hunger zu sterben. Von nun an fand sie täglich neue Nahrung in ihrer Schüssel und war gerettet. Aber wer war diese Witwe? War sie etwa eine Tochter Israels? Nein, sie war eine Fremde.
Noch an eine zweite Geschichte erinnere ich euch, auch sie steht im Buch der Könige, und ihr kennt sie gewiss; der Prophet Elischa heilte Naaman vom Aussatz. Obwohl viele Aussätzige im Land waren, wurde nur Naaman geheilt, und dieser eine war kein Verwandter des Propheten oder naher Freund, sondern ein Fremder aus dem heidnischen Syrien.
Das sage ich euch, damit ihr versteht: Nicht hierher nach Nazaret bin ich gesandt, um bei euch Wunder zu wirken, weil ihr Nazarener, meine Verwandten, Freunde und Nachbarn seid. Ich bin zu allen Menschen gesandt worden, die sich bekehren wollen. Nicht einem gehöre ich oder dem anderen, sondern der ganzen Welt.«
Die sich von Jesus Reichtum und allerlei Vorteile erhofft hatten, waren erbost, und plötzlich brachen sie alle in Geschrei aus, die Spötter sowohl als auch die Rechner. Sie wollten Jesus ergreifen und aus der Synagoge drängen und ein böser und gewalttätiger Mensch schrie sogar: »Werft ihn von der Stadtmauer den Berg hinab!« Doch Jesus hob nur eine Hand, da wichen die Vordersten zurück, und die Menge teilte sich und bildete eine Gasse; Jesus schritt durch ihre Reihen hinaus, und keiner fand mehr den Mut, ihn anzurühren.
So verließ er Nazaret und zog an den See Gennesaret.

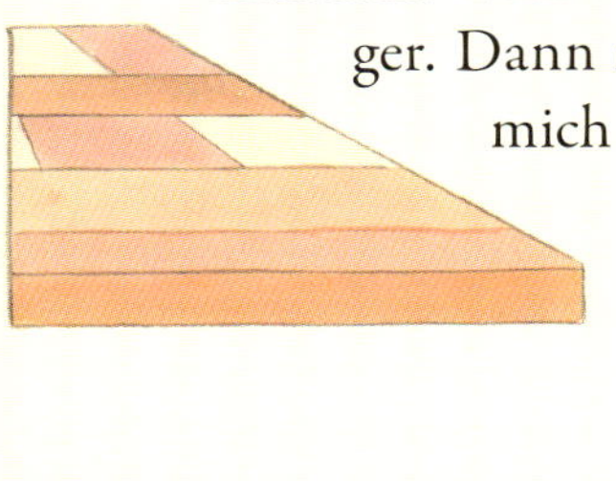

DIE BERGPREDIGT

Freundlich ist die Landschaft Galiläas rings um den See Gennesaret und in jener Zeit war sie ein einziger blühender Garten. Von waldigen Bergen und Rebenhügeln umgeben lag der See zwischen sauberen Dörfern und schönen Städten wie ein großer schimmernder Spiegel da. Über seine Fläche flogen die bunten Segler im Wind, langsam zogen die schweren Ruderbarken der Fischer von Bucht zu Bucht. Jesus liebte diese Landschaft und weilte gern hier. Die Menschen waren heiter und aufgeschlossener als in dem Berg- und Hügelland ringsum.

Eines Tages stieg Jesus mit seinen Jüngern auf einen Berg. Die Galiläer sahen ihn hinaufgehen, ließen ihre Arbeit liegen und folgten ihm: Die Bauern kamen von ihren Feldern, die Winzer aus ihren Weinbergen, sogar die Fischer eilten ihm vom Ufer des Sees nach. Alle wollten ihn hören.

Auch Frauen und Kinder kamen herbei. Kaum hatte Jesus die Kuppe des Berges erreicht, waren viele Hunderte um ihn geschart, und als er sich niedersetzte, lagerten sie sich ins Gras. Dann warteten sie, was er ihnen diesmal zu sagen hätte.
Jesus breitete die Arme aus und sprach:

»Selig sind die Armen im Geiste, denn ihrer ist das Himmelreich.
Selig sind die Trauernden, denn sie sollen getröstet werden.
Selig sind die Sanftmütigen, denn ihnen wird das Land gehören.
Selig sind, die nach der Gerechtigkeit hungern und dürsten, denn sie sollen gesättigt werden.
Selig sind die Barmherzigen, denn sie werden Barmherzigkeit erlangen.
Selig sind, die reinen Herzens sind. Sie werden Gott anschauen.
Selig sind die Friedensstifter, denn sie werden Kinder Gottes genannt werden.
Selig sind, die Verfolgung leiden um der Gerechtigkeit willen, denn ihrer ist das Himmelreich!«

Als Jesus so gesprochen hatte, ließ er die Arme sinken und saß eine Weile schweigend da. Die Menschen regten sich nicht. Keiner rückte vom Platz, keiner flüsterte auch nur ein Wort. So verwundert waren sie und so glücklich! So hatte noch niemand zu ihnen geredet. Erst ganz leise, dann ein wenig stärker ging endlich ein Aufatmen durch ihre Reihen. Sie hatten nicht alles verstanden, und wenn in diesem Augenblick jemand zu ihnen gekommen wäre und sie gefragt hätte, was diese neue, noch nie vernommene, nie erahnte, herrliche Botschaft zu bedeuten hätte, sie hätten es nicht genau sagen können. Aber sie waren so froh, dass sie am liebsten gelacht hätten und einander um den Hals gefallen wären.
Das aber wagten sie nicht.
Da tappte ein Kindlein zu Jesus hinauf, ein kleines, pausbäckiges Bübchen, legte seine Händchen auf Jesu Knie und sagte: »Du, guter Mann, erzähle uns noch etwas!«
Da war der Bann gebrochen und alle lachten lauthals, und sie schlugen einander auf die Schultern und vielen standen die hellen Tränen in den Augen.
Jesus lächelte und legte dem Bübchen die Hand auf den lockigen Scheitel und sprach: »Sei gesegnet, du Kleiner!« Da kamen auch noch andere Kinder herbei und schmiegten sich an seine Knie und wollten von ihm gestreichelt sein. Schließlich war es schon ein halbes Dutzend, und ein Jünger mischte sich ein und wollte sie zu ihren Eltern zurückschicken, denn er dachte, dass sie Jesus lästig werden könnten.
Doch Jesus sprach: »Lasst die Kleinen nur bei mir; ihrer ist das Himmelreich.«
Nach einer Weile fuhr er fort, zu der Menge zu reden: »Glaubt nicht, meine Freunde, dass ich gekommen sei, um das Gesetz Moses aufzuheben. Nein. Ich bin gekommen, um es zu erfüllen. Versteht mich recht! Der Glaube eurer Väter war gut, doch er war

nicht vollkommen. Mose lehrte euch, dass Gott stark und gerecht ist und dass er die Welt erschuf, damit sie ihn erkenne und anbete. Ich lehre euch, dass Gott die Liebe ist und dass er die Welt schuf, um sie zu lieben und von ihr geliebt zu werden.

Darum sagten eure Väter: ›Du sollst nicht töten, und wer tötet, soll selbst getötet werden.‹ Ich aber sage euch: Wer seinem Bruder auch nur zürnt, tut unrecht und wird dafür gerichtet. Wer zu seinem Nächsten sagt: ›Du Tor!‹ oder ›du Gottloser!‹, der beleidigt den Vater im Himmel und verdient die Hölle. Wer seine Opfergabe zum Altar bringt und dabei Groll im Herzen trägt und seinem Bruder nicht verziehen hat um irgendeiner Sache willen, der bringt keine gute Gabe. Er lasse sein Opfer liegen und kehre um und versöhne sich erst mit seinem Bruder. Denn wie soll ihm vergeben werden, wenn er selbst nicht vergeben will?

Tut Gutes denen, die euch hassen. Und wenn euch jemand auf die eine Wange schlägt, schlagt nicht zurück, sondern bietet ihm auch noch die andere dar. Ist Streit entstanden, so nehmt euren Gegner beiseite und fragt ihn unter vier Augen: ›Warum tust du mir unrecht, Freund?‹ So werdet ihr Frieden stiften zwischen euch und ihm.

Wenn euch jemand um ein halbes Brot bittet, gebt ihm ein ganzes, und wenn euch jemand bittet: ›Begleite mich eine Meile!‹, dann geht noch eine zweite Meile mit ihm.

Wenn ihr Gutes tut, meine Kinder, dann tut es im Stillen und nicht, damit ihr dafür gelobt werdet. Posaunt es nicht aus! Denn die rechte Hand soll nicht wissen, was die linke getan hat.

Und wenn ihr betet, dann macht es nicht wie die Heuchler, die sich an die Straßenecken stellen und damit großtun, wie fromm sie sind! Geht vielmehr in eure Kammer, schließt die Tür hinter euch und betet im Verborgenen zu eurem Vater, der im Himmel ist.

Er wird euch erhören, denn er weiß, was euch nottut. Seht auf die Vögel des Himmels. Sie säen nicht, sie ernten nicht und dennoch finden sie ihre Nahrung. Der Vater im Himmel sorgt für sie! Und schaut euch die Lilien des Feldes an! Sie spinnen nicht, sie weben nicht und sind doch schöner gekleidet als Salomo in seiner Pracht. So sorgt der Vater auch für euch. Niemand bittet ihn, dem nicht gegeben wird. Und wenn ihr zweimal und dreimal bitten müsstet, lasst nicht ab! Wer anklopft, dem wird aufgetan.

Doch wenn ihr betet, meine Kinder, dann betet so.«

Jesus erhob sich und alles Volk erhob sich mit ihm. Und Jesus sprach:

»Unser Vater im Himmel,
geheiligt werde dein Name,
dein Reich komme,
dein Wille geschehe
wie im Himmel so auf Erden.
Unser tägliches Brot gib uns heute.
Und vergib uns unsere Schuld,
wie auch wir unsern Schuldnern vergeben.

Und führe uns nicht in Versuchung,
sondern erlöse uns von dem Bösen.
Denn dein ist das Reich und die Kraft
und die Herrlichkeit in Ewigkeit.«

»Amen!«, sprach einer der Jünger leise. »Amen«, wiederholten die anderen. »Amen, amen«, scholl es aus den Reihen des Volkes wie ein Echo rings um den Gipfel des Berges, und selbst die Bäume schienen sich zu neigen und mit allen ihren Blättern und Zweigen ein seliges Amen mitzuflüstern.

DER AUSSÄTZIGE

Nun schickte Jesus das Volk nach Hause, zurück in seine Dörfer, zu seinem täglichen Leben und seiner Arbeit. Und jeder Einzelne, so trug er ihnen auf, solle die Frohe Botschaft weiterverkünden.

Auch seine Jünger sandte er voraus an den See. Tief in Gedanken versunken machte er sich allein auf den Rückweg.

Als er zwischen den Mauern der Weinberge dahinschritt, hörte er ein leises Klappern; es rührte von der Rassel eines Aussätzigen her, denn alle Aussätzigen mussten, wo immer sie gingen, eine hölzerne Klapper bei sich tragen, damit man sie schon von Weitem kommen hörte. Wo eine solche Rassel ertönte, nahmen die Menschen Reißaus, denn der Aussatz war gefürchtet, fast ebenso gefürchtet wie die Pest, weil beide ansteckend waren.

Niemand konnte davon geheilt werden, schon eine leichte Besserung galt als Wunder.

Wer das geringste Zeichen dieser Krankheit an sich bemerkte, war verpflichtet, zu einem Priester oder Leviten zu gehen und sich ihm zu zeigen. Diese waren in jener Zeit auch Heilkundige und Ärzte. Sie konnten beurteilen, ob der arme Mensch, der zu ihnen kam, wirklich vom Aussatz befallen war oder nicht.

Handelte es sich um eine andere harmlose Krankheit, gab ihm der Priester ein Heilmittel, und der Kranke konnte in sein Haus und zu seiner Familie zurückkehren. War der Unglückliche aber tatsächlich vom Aussatz befallen, dann war sein Los sehr hart. Er wurde von nun an »ein Unreiner« genannt, musste sogleich sein Dorf, seine Stadt, seine Familie

verlassen und sich zu den anderen »Unreinen« in die Einsamkeit zurückziehen. Dort hausten sie alle zusammen in elenden Hütten, von allen abgesondert, gefürchtet und sogar gehasst.
Sie durften aus keinem Brunnen mehr trinken, aus dem auch Gesunde tranken. Sie durften nichts mehr anfassen, was einem Gesunden gehörte. Wohl wurde ihnen dann und wann Nahrung gebracht, aber meist bestand sie nur aus Abfall, und der wurde ihnen lieblos über den Zaun zugeworfen. Wenn ein Aussätziger endlich starb, wurde er nur von seinesgleichen begraben, das heißt: Wie ein Tier auf offenem Feld verscharrt.

Ein solcher elender Mensch war unterwegs und folgte dem Herrn jenseits der Weinbergmauern durch das Rebengelände; seine Rassel klapperte, doch zu zeigen wagte er sich nicht.
Vor einem Tor in der Mauer blieb Jesus stehen und wartete. Nun verstummte auch die Rassel, und es blieb eine Weile ganz still. Endlich ertönte eine klägliche Stimme: »Meister, Meister!«
Jesus sagte: »Ich höre!«
Nun fuhr die Stimme fort: »Habe keine Angst, ich komme dir nicht nahe. Aber wenn du willst, werde ich rein.«
Jesus trat durch das Tor auf den Aussätzigen zu. Der Kranke schrie auf und wollte fliehen, doch Jesus berührte ihn und sprach: »Ja, ich will! Sei rein!«
In diesem Augenblick veränderte sich das Gesicht des Aussätzigen. Die Geschwüre heilten, der weiße Schorf fiel ab und die Haut wurde wieder glatt und bräunlich. Und nicht nur sein Gesicht veränderte sich, auch seine Arme, seine Beine, sein ganzer Körper. Der Mann stieß einen Schrei aus. Er starrte zuerst auf seine Hände, die mit einem Mal nicht mehr zerfressen, sondern schön und heil waren. Dann streifte er die Ärmel hinauf, blickte auf seine Füße, riss das Hemd über seiner Brust auf, tastete über seine Wangen, seine Lippen.
»Ich bin rein«, schrie er, »ich bin rein, ich bin rein!«
Er taumelte umher, warf sich auf die Erde, raffte sich wieder auf und versuchte Jesu Füße zu küssen.
Auch Jesus war ergriffen und bis in die Lippen erbleicht. »Höre«, sagte er nach einer Weile leise und mit fast bebender Stimme, »geh nun hinab in deine Heimatstadt Kafarnaum, zeige dich den Priestern und bringe das Dankopfer, das Mose vorgeschrieben hat. Das wird ihnen ein Zeichen sein.«

DER HAUPTMANN VON KAFARNAUM

In jener Zeit wohnte ein heidnischer Römer in Kafarnaum; er war Hauptmann und kam aus einem anderen Teil des Reiches, aus dem Norden Italiens, wo die Alpen in die Ebene auslaufen und wo die schönen Seen liegen. Dieser Mann hatte seine Heimat schon lange nicht mehr gesehen.

Er hatte sie als junger Mensch verlassen, um bei den Soldaten zu dienen. So war er überall hingekommen, wo römische Legionen die Grenzen des Reiches bewachten: an den Rhein und in die Wälder Galliens, nach Thrakien am Schwarzen Meer und in das heiße Libyen an der Nordküste Afrikas. Schon viele Jahre war er unterwegs gewesen, immer auf Feldzügen, in Soldatenlagern und Hafenstädten, immer unter fremden Menschen. Nur ein einziger Mann war all die Jahre mit ihm durch die Welt gezogen, ein Knecht, der schon im Hause seiner Eltern gedient hatte und dem Jüngling gefolgt war, als er von daheim fortging. Dieser Mann lag nun sterbenskrank darnieder.

Der Hauptmann hatte sogleich einen Arzt geholt; der konnte nicht helfen, auch ein zweiter und dritter nicht. Da wurde der Hauptmann sehr betrübt, denn er liebte seinen Knecht sehr. Dieser war der einzige Mensch, der ihn wirklich kannte und mit dem

er manchmal über sein bewegtes Leben reden konnte. Schon oft hatte der Hauptmann vorgehabt, diesem treuen Freund die Freiheit zu schenken. Doch dafür schien es jetzt zu spät.
Jemand riet ihm, dem griechischen Gott Asklepios ein Opfer zu bringen, Asklepios galt als Gott der Heilkunst, vielleicht konnte dieser helfen? Doch der Hauptmann schüttelte nur traurig den Kopf. Er glaubte nicht mehr an Götter; er hatte deren schon zu viele kennengelernt: Am Rhein hatte er germanische Stämme ihrem Gott Wotan in Eichenhainen opfern und dabei halb rohes Pferdefleisch essen gesehen; er war in Rom zugegen gewesen, wenn Jupiter mit prachtvollen Festen geehrt wurde – danach verbluteten wehrlose Menschen im Circus Maximus unter den Tatzen und Zähnen hungriger Tiger; er hatte auch die griechischen Götter kennengelernt, den flinken Hermes, den Freund der Diebe, die leichtfertige Aphrodite und das doppelzüngige Orakel des Apollon zu Delphi ... Nein, er hatte genug von all diesen Göttern, und, obwohl er sich geschämt hätte, es einzugestehen: Nur dieses Judenvolk in der kleinen Provinz am Rande des Reiches schien einen Gott zu verehren, der anders und würdiger war als jene zahllosen,

DAS RÖMISCHE REICH ZUR ZEIT JESU

angeblich himmlischen Wesen, deren marmorne Bilder wohl die Augen blendeten, aber die Herzen leer ließen.

Trotzdem hätte der Hauptmann wohl kaum daran gedacht, sich offen zum Gott der Juden zu bekehren; erst jetzt, da der einzige Mensch, an dem seine Seele hing, im Sterben lag, gingen seine Gedanken neue Wege.

Doch noch war er weit von jedem Entschluss entfernt. Zerstreut und lustlos verrichtete er seinen Dienst. Wenn er frei hatte, saß er am Krankenbett seines Knechtes oder wanderte ziellos in seinem Haus umher.

Eines Tages hörte er ein großes Geschrei auf der Straße. Er lief hinaus, um Ruhe zu schaffen. Er sah eine Menge Menschen um einen jungen Galiläer versammelt, der abwechselnd seine Arme und Beine herzeigte, sogar seine Brust entblößte und dabei immerzu rief: »Seht her, seht her! Ich bin wirklich rein.«

Der Hauptmann fragte den Erstbesten, der neben ihm stand, was das zu bedeuten habe; da rief dieser noch ganz atemlos vor Erregung: »Mein Bruder hatte den Aussatz, der Meister hat ihn geheilt.«

»Wie?«, fragte der Hauptmann, »wer kann einen Menschen vom Aussatz heilen?«

»Der Nazarener«, antwortete der andere. »Es heißt, er komme heute noch nach Kafarnaum.«

»Halt!«, rief der Hauptmann, als sich jetzt die Menge entfernen wollte, »kommt hierher!«

Er zog den Geheilten in sein Haus; seinen Eltern, Geschwistern und nächsten Freunden befahl er hereinzukommen. Dort fragte er sie aus: Ist er wirklich aussätzig gewesen? Erst als ihm alle bestätigten: ja, aussätzig sogar im höchsten Grade, von Geschwüren schon ganz zerfressen und dem Tode nahe, begann er ihnen Glauben zu schenken. Dann fragte er: »Und mit welchen Mitteln hat dich jener Nazarener geheilt?«

Der junge Galiläer rief: »Mittel? Er hatte keine Mittel. Er legte mir die Hand auf. Das war alles.«

Der Hauptmann bedachte sich eine Weile. Dann sagte er: »Es ist gut. Ihr könnt jetzt gehen.«

Als alle fort waren, begab er sich zu seinem Knecht. Leise trat er in die Kammer und beugte sich über den Kranken. »Höre«, sagte er, »ich glaube, ich kann dir Hilfe bringen.«

Der Knecht schlug seine Augen auf; sonst konnte er kein Glied mehr rühren, nur dann und wann brachte er ein paar undeutliche Worte hervor. Endlich murmelte er: »Herr, mir träumte, ein Gott sei unterwegs.«

Da schauderte es den Hauptmann, denn in seinem Innern erhob sich eine Stimme, die ihm zuflüsterte, der Knecht habe wahr geträumt; nun verlor er keine Zeit mehr und begab sich auf die Suche nach Jesus. Er fand ihn noch vor den Toren von Kafarnaum, denn dort war Jesus von einer Menge aufgehalten worden; er sprach zu ihr und belehrte sie. Als sich der Hauptmann näherte, verstummte Jesus und blickte ihm entgegen. Der Hauptmann kam heran, sein Mantel leuchtete purpurrot und sein Helm blitzte in der Sonne. Die Galiläer murrten: »Was will der Heide unter uns?« Denn sie hassten

jeden Römer und vor allem jeden römischen Soldaten.

Nun stand der Hauptmann vor Jesus und sagte: »Herr, mein Knecht liegt gelähmt und leidet große Qualen.«

»Und ich soll ihn heilen?«, antwortete Jesus.

Der Hauptmann nickte.

»Warte ein wenig, dann komme ich mit dir.«

Der Hauptmann neigte sein behelmtes Haupt. Mit einem Mal fielen ihm seine Sünden ein, viele schwere Sünden, die er im Laufe seines langen Lebens auf sich geladen hatte. Von den meisten hatte er gar nicht gewusst, dass es Sünden waren, sie hingen mit seinem Beruf zusammen, und er hatte sie begangen, ohne sich viel dabei zu denken. Doch plötzlich lagen sie schwer auf seinem Herzen: In Gallien hatte er Menschen getötet oder töten lassen; in Libyen hatte er Jagd auf Sklaven gemacht, in Thrakien hatte er etliche Dörfer niederbrennen und das Getreide von seinen Reitern zertreten lassen; das war Kriegshandwerk und die alltäglichste Sache für seinesgleichen. Doch nun, da er Jesu Augen auf sich gerichtet fühlte, die Augen eines Reinen und Heiligen, kam er sich plötzlich nackt und elend vor in seinem Purpurmantel und seinem stählernen Helm.

Ehe er viel überlegen konnte, beugte er das Knie und sprach: »Herr, ich bin nicht würdig, dass du eingehst unter mein Dach. Sprich nur ein Wort und ich weiß: Mein Knecht wird gesund. Denn siehst du, Herr«, fuhr er dann wieder stehend fort, »ich bin Soldat und stehe selbst unter Befehlsgewalt und habe Befehlsgewalt über andere. Wenn ich einem meiner Untergebenen sage: ›Geh dorthin!‹, so geht er. Wenn ich ihm sage: ›Komm!‹, so kommt er! Und wenn ich sage: ›Tu das!‹, so tut er es. So kannst auch du befehlen, und alles wird geschehen, wie du es gesagt hast.«

Jesus blickte den Hauptmann an und nickte voll Erbarmen, denn er sah in sein Inneres, das rau und hart und von einem langen heimatlosen Leben gleichsam verwüstet war. Es glich einem Acker, der, zum Weg geworden, von vielen Schritten und Hufen zertreten und festgestampft worden war. Nun brach eine warme Quelle aus der Tiefe und sprengte die Kruste. Jesus sprach: »Geh hin! Es soll geschehen, wie du geglaubt hast.«

»Mein Knecht wird gesund?«, rief der Römer voll Freude.
»Er ist schon gesund«, antwortete der Herr.
Da lief jener, so schnell er konnte, nach Kafarnaum hinab, und der Purpurmantel flatterte um ihn und der Busch wehte an seinem Helm.
Die Galiläer blickten ihm verwundert nach und einige von ihnen zupften einen Jünger und fragten: »Was war das jetzt? Hat der Meister etwa auch diesen heidnischen Knecht geheilt?«
»Das habe ich«, antwortete Jesus an des Jüngers Statt. »Wahrlich, ich sage euch: Es werden sich viele Menschen im Osten und im Westen finden, die auf meine Worte hören und dereinst zu Abraham, Isaak und Jakob in das Himmelreich eingehen. Und viele Söhne des Volkes, das sich Gott erwählt hat, werden hinausgestoßen werden in die Finsternis.«

DER WUNDERBARE FISCHZUG

Das Volk lief Jesus nach, wo er ging und stand, und wollte ihn hören und vor allem Wundertaten sehen. Die Heilung des Aussätzigen, die Heilung des fremden Knechtes, die Verwandlung des Wassers in Wein, das waren Taten nach dem Herzen des Volkes, und die Menschen hofften, noch weitere solcher Taten zu sehen. Neugier und Schaulust ließen sie hinter dem Meister herlaufen, und wenn auch viele von Jesu Worten zutiefst ergriffen waren, so fehlte bei den allermeisten doch noch sehr viel dazu, dass sie seine Jünger geworden wären. Denn dazu gehörte doch viel mehr, als nur seinen Reden zu lauschen und seine Wunder zu bestaunen.

So geschah es auch nicht von heute auf morgen, dass er die zwölf Männer fand, die wir als die zwölf Apostel kennen. Von den ersten beiden, die ihm nachgefolgt waren, hieß der eine Andreas.

Er hatte Jesus am Jordan gesehen und dort gehört, dass ihn Johannes der Täufer das Lamm Gottes und den Messias nannte; voller Freude und Aufregung hatte Andreas schon am anderen Tag seinen Bruder Simon mitgebracht. »Komm mit! Ich habe den Messias gefunden. Siehst du, dort ist er!«

Nur zögernd folgte Simon dem jüngeren Bruder.

Dann aber geschah etwas sehr Seltsames, Unvergessliches.

Jesus sah die beiden herankommen, und sofort fasste er den Älteren ins Auge, als würde er ihn schon lange kennen. »Du bist Simon«, sprach er, »des Johannes Sohn. Von nun an sollst du Kefas heißen.«

»Wieso denn ›Kefas‹? Das heißt ja Fels oder im Lateinischen: Petrus.«

Simon schüttelte verwundert den Kopf. Wie kam der Nazarener dazu, ihm einen neuen Namen zu geben und einen so merkwürdigen noch dazu?

Simon war ein einfacher Fischer, der in Kafarnaum ein Haus besaß und auf dem See Gennesaret fischte. Er hatte eine Frau, eine Schwiegermutter und wohl auch etliche Kinder. Er war nicht mehr ganz jung, sein Schläfenhaar begann schon zu ergrauen, seine Hände waren rau und voller Schwielen, und seine Kleider rochen ein wenig nach Fisch. Wie konnte er ahnen, was Jesus vorhatte, als er ihn jetzt Kefas nannte, Petrus, den Felsen?

Ein Fels! Ach, ein Fels war er nicht. Eher das Gegenteil. Simon kannte seine Fehler, und seine Frau hielt sie ihm oft genug vor. Er sei ein weichherziger Mensch, pflegte sie zu sagen, aufbrausend und dann wieder ängstlich. Nicht einmal mit der Wahrheit nehme er es immer ganz genau. Und er sollte nun plötzlich »Kefas«, der Fels, heißen?

So verlief jene erste Begegnung am Jordan eher wie ein flüchtiges Zusammentreffen ohne vorerst sichtbare Folgen. Jesus ging in die Wüste, um dort Satan, den Fürsten dieser Welt, abzuweisen und zu überwinden. Simon Kefas oder Petrus kehrte in sein Haus und zu seinem Boot zurück. Zwar dachte er oft an Jesus und an den Namen, den er bekommen hatte. Aber er fuhr weiterhin hinaus auf den See, warf seine Netze aus, legte seine Reusen, als wäre nichts geschehen; sogar als Jesus in die Gegend kam und predigte und das Volk ihm zulief, blieb er in seiner heimatlichen Bucht.

Eines Morgens stand er mit seinem Bruder Andreas im seichten Uferwasser des Sees und reinigte mit ihm zusammen die Netze. Eine harte Arbeit! Bei jedem Fischzug verfing sich eine Menge Unrat und

Schlick darin. Wie sie so standen und sich mühten, fiel ein Schatten vom Ufer her auf sie, und als sie aufblickten, erkannten sie Jesus.
»Du bist es, Herr?«, fragten sie.
»Ich bin es«, sagte Jesus. »Was tut ihr hier?«
»Du siehst, wir reinigen unsere Netze.«
»Nehmt sie, wie sie sind«, sprach Jesus, »besteigt euer Boot und werft sie aus.«
Andreas watete gleich an den Strand. Doch Petrus blieb im Uferwasser stehen und erwiderte: »Ach Herr, das würde eine vergebliche Mühe sein. Wir waren schon die ganze Nacht draußen und haben uns geplagt und nichts gefangen. Wenn wir schon in der Nacht vergeblich ausfuhren – nur nachts kommen die Schwärme –, was werden wir dann am hellen Tag ausrichten?«
Jesus schwieg.
Simon Petrus wartete eine Weile. Doch mit einem Mal empfand er, dass es ihm unmöglich sei, Jesus nicht zu gehorchen. Nun watete auch er an das Ufer und zog das Netz hinter sich her. »Aber weil du es bist, Herr«, sagte er beinahe mürrisch, »will ich es trotzdem tun.«
Er begab sich mit Andreas zu ihrem Boot, legte das Gerät hinein und stieß vom Land ab.
Jesus blickte ihnen eine Weile nach. Dann setzte er seinen Weg fort. Wieder kam er zum Hause eines Fischers, es gehörte einem gewissen Zebedäus. Dessen Söhne, zwei Jünglinge, Johannes und Jakobus, saßen auf den Ufersteinen und flickten ihre Netze. Jesus begab sich zu ihnen hinab und sprach sie an.
Zuerst redeten sie über dieses und jenes. Schließlich erbot sich Jakobus, dem fremden Mann eine Mahlzeit zu bereiten. Jesus blieb mit Johannes allein. Noch hatte Jesus seinen Namen nicht genannt. Da fasste sich Johannes, der nicht sicher war, mit wem er redete, ein Herz und fragte, wer er sei. Da sprach der Herr zu ihm: »Du fragst, Johannes, wer ich bin. Du könntest mir keine größere Frage stellen. In deinem Mund, Johannes, ist diese Frage groß. In den

Mündern vieler anderer wäre sie klein. Auf eine große Frage wird eine große Antwort gegeben werden, auf eine kleine Frage eine kleine Antwort. Ich kenne dich, seit du geboren bist. Nicht diese Augen haben dich gesehen, sondern die Augen Gottes, der alles sieht. Nicht diese meine Stimme hat dich gerufen, sondern die meines Vaters im Himmel; du hast sie längst vernommen.

Ich bin das Wort, das bei Gott ist, und Gott ist das Wort. Es ist der Ruf, der an die Welt erfolgt ist, dass sie sei; und ohne ihn wäre sie nichts.

Der Mensch ist in die Welt geboren, doch das ist nicht genug. Da wird er aus einer Mutter und aus dem Willen des Fleisches geboren und ist ein unmündiges Kind. Er muss noch einmal aus dem Geist und aus der Wahrheit geboren werden, dann wird er mündig und tritt das Erbe an.

Du kennst den Namen des Johannes, der am Jordan taufte. Er ist mir vorangegangen und hat meinen Weg bereitet.«

Da rief der Jüngling: »So bist du Jesus, der Meister?«

Jesus antwortete ihm: »Ja, der bin ich. Jener Johannes war groß, ehe ich kam; ich kenne keinen größeren als ihn. Du aber trägst seinen Namen. Folge mir!«

Als Jesus aufbrach, gingen beide mit ihm, Johannes und sein Bruder Jakobus. Jesus kehrte zu dem Haus des Petrus zurück. Eben lief auch das Boot ein. Es lag tief im Wasser und die Männer ruderten hart. Diesem Boot folgte ein zweites und beide schwankten unter schweren Lasten.

Simon Petrus erkannte beim Anlegen den Herrn und sprang ans Ufer, fiel vor ihm nieder und rief: »Geh weg von mir, ich bin ein sündiger Mensch.«

Jesus lächelte und fragte: »Was ist geschehen?«

»Das Netz ist voll«, rief Petrus und schwenkte die Arme, »beide Netze sind voll und beide Kähne, die Netze wären fast gerissen und die Kähne wären beinahe gesunken, so viel haben wir gefangen – den herrlichsten Fang, der je aus diesem See geholt worden ist!«

»Nun, Petrus«, fragte der Herr, »fürchtest du dich noch immer? Bis jetzt hast du Fische gefangen. Von nun an sollst du ein ›Menschenfischer‹ sein.«

»Wie das?«, staunte Petrus.

Der junge Johannes trat neben ihn und legte ihm die Hand auf die Schulter.

»Verstehst du denn nicht?«, sagte er leise. »Die ganze Welt ist wie dieser See, voll unsichtbarer Reichtümer. Jede Seele ist gleichsam ein Fisch, der aus der dunklen Tiefe geholt und ans Licht gebracht werden soll. Der Meister ist gekommen, um dieses Werk zu tun, und wir sollen seine Helfer sein.«

JOHANNES DER TÄUFER WIRD IN DEN KERKER GEWORFEN

In jener Zeit predigte Johannes am Jordan und später an einem anderen Ort, in Änon bei Salim. Er taufte noch und es kamen etliche Leute zu ihm. Aber wenn sich früher täglich viele Hunderte bei ihm versammelt hatten, war es jetzt nur noch ein kleines Häuflein, und auch dieses zerstreute sich mehr und mehr. Nur drei oder vier Männer erschienen immer wieder und hielten Johannes die Treue.

Eines Tages sagte einer von ihnen: »Ich weiß jetzt, Johannes, warum sich deine Zuhörer verlaufen. Am See Gennesaret predigt jener Jesus, den du als Lamm Gottes bezeichnet hast. Ihm läuft das Volk nach, und seine Jünger spenden sogar die Taufe. Du solltest es ihnen verbieten, denn früher hast du allein getauft.«
Johannes antwortete: »Ach, lieber Freund, was redest du da? Habe ich dir nicht selbst hundertmal gesagt: Ich bin nicht der Messias. Wozu bin ich denn gekommen, als seinen Weg zu bereiten und seinen Pfad zu ebnen? Soll ich jetzt darüber klagen, dass er diesen Pfad nun wirklich geht? Ich bin ihm vorausgegangen. Er hat mich eingeholt. Jetzt bleibe ich zurück und blicke ihm nach. Das ist meine Freude.«
Der gute Mann schüttelte den Kopf. Er verstand das nicht. Wie konnte sich Johannes freuen, dass er von seinen Anhängern verlassen wurde?
Johannes fuhr fort: »Sag mir, mein Freund, wie ist das auf einer Hochzeit? Der Brautführer ist der Freund des Bräutigams. Er kommt als Erster in das Haus der Braut, er holt sie zum Fest. Doch wenn das Fest begonnen hat, legt er ihre Hand in die des Bräutigams und geht beiseite und freut sich nur von fern mit. So ist das auch mit Jesus und mir. Ich war der Brautführer, er ist der Bräutigam. Ich habe ihn angekündigt, doch er spricht das Wort, das ihm der Vater in aller Fülle verliehen hat. Er wird wachsen und groß werden; ich dagegen werde abnehmen und dahinschwinden.«
Als die letzten Getreuen des Johannes diese Rede vernahmen, waren sie sehr entmutigt.
Doch es sollte noch schlimmer kommen.
Damals hatten die Römer das kleine Land Israel in mehrere Teile geteilt, denn König Herodes, der Kindermörder von Betlehem, hatte mehrere Erben hinterlassen. Jeder wollte die Krone auf sein Haupt setzen. So hatten die Römer, um keinen zu vergrämen, dahin entschieden, dass nun statt eines Königs drei oder vier Fürsten herrschen sollten.
Einer von ihnen hieß Herodes Philippus, ein anderer Herodes Antipas.
Letzterer hatte sich in der Stadt Tiberias am See Gennesaret einen prächtigen Palast bauen lassen. Sein Bruder Herodes Philippus konnte sich das nicht leisten. Er hauste jenseits des Sees auf einem einfachen Landgut. Dafür besaß er eine schöne Frau namens Herodias.
Eines Tages besuchte Antipas seinen Bruder Philippus. Dabei lernte er auch Herodias kennen und verliebte sich in sie, und nun dauerte es gar nicht lange, bis er sie zu sich in seinen schönen Palast gelockt hatte.
Herodias lebte nun bei ihrem Schwager und wollte als dessen richtige Gattin gelten. Das war Ehebruch, eine schwere Sünde. Die Leute begannen das leichtfertige Paar zu verabscheuen.
Auch Johannes der Täufer hatte von diesen Vorfällen gehört und hielt es für seine Pflicht, zu Herodes zu gehen und ihm zu erklären: »Was fällt dir ein, die Frau deines Bruders als deine Gemahlin auszugeben? Das ist Sünde und ein Verbrechen vor Gott, dem Herrn. Entlasse Herodias und schicke sie dorthin zurück, wohin sie gehört. Ihr Gatte wird sie bestrafen.«
Herodes schenkte ihm voll Ärger und Unmut Gehör. Trotzdem hätte er Johannes vielleicht in Frieden entlassen und versucht, ihn mit ein paar Ausreden abzuspeisen. Da erschien Herodias im Thronsaal und rief voll Zorn: »Warum hörst du diesen Menschen an? Bist du nicht Manns genug, um mich vor seinen Beschimpfungen zu schützen?«
Der Fürst erblasste. Er fürchtete Herodias' Zorn und ihre wilden Launen. So gab er den Befehl, Johannes in den Kerker zu werfen.

DER TOD DES TÄUFERS

Nun schmachtete Johannes der Täufer, der erste Heilige unseres Herrn, im tiefsten Verlies des Palastes zu Tiberias. Der Palast lag am See und die Wellen klatschten an die Mauern. Johannes hörte sie hinter den nassen Wänden murmeln. Doch er blieb nicht lange in diesem Kerker. Schon beim nächsten Morgengrauen wurde er herausgeholt und von der berittenen Leibgarde des Herodes Antipas fortgebracht, weit fort nach dem Süden, in die Festung Machärus. Das war ein einsamer und düsterer Ort unfern des Toten Meeres. An seinen Gestaden brütete eine entsetzliche Hitze über der salzigen Flut, in der nicht ein einziger Fisch, nicht ein einziges Lebewesen gedieh. Es gab ringsum nur Wüste und Sand und zerklüftete Berge.

Doch Herodes Antipas ließ den Propheten nicht aus Bosheit in jene düstere Festung schaffen. Er schätzte Johannes und hatte früher manchmal seinen Rat eingeholt. Er wollte ihn nicht töten lassen, wie Herodias von ihm gefordert hatte, vielmehr fürchtete er um sein Leben und wollte es schützen. Im Verlies von Tiberias war ihm der Prophet nicht sicher genug vor der Rache des bösen Weibes. Also schaffte er ihn in den fernsten Zipfel seines Fürstentums, eben in jenes Felsennest Machärus; dort, ließ der Fürst seinem Burgvogt sagen, sollte Johannes in milder Haft gehalten werden.

Milde Haft, ach, was hieß das schon? Gefangen war Johannes doch, auch wenn er nicht in einem Keller und in Ketten lag. Er hatte eine Zelle im Turm und durfte hie und da hinaufsteigen und auf der Zinne frische Luft schöpfen; und dann und wann durfte er sogar den Besuch seiner letzten Jünger empfangen.

Tage, Wochen, Monate verstrichen. Wo blieben die Zeiten, da Johannes der neue Elija genannt worden war? Wo waren die Zeiten, da er bebend vor heiliger Erregung die nahe Ankunft des Messias verkündigt hatte?

Nun war der Messias gekommen, und er, sein Vorläufer, saß im Kerker. Aber nicht das kränkte Johannes. Ihn schmerzte, dass die Welt ganz offenbar so weiterlief, wie sie vordem gewesen. Die Mächtigen trieben ihr grausames Spiel mit den Schwachen und Wehrlosen. Er selbst war ein Beispiel dafür. Wenn er von der Zinne des Turmes oder auch nur aus dem schmalen Gitterfenster seiner Zelle blickte, was sah, was hörte er da? Die Knechte des Burgvogtes fluchten und schlugen einander, wie sie wohl schon immer geflucht und einander geschlagen hatten. Die Mägde kreischten und stritten – und die Kamel- und Eseltreiber, die unter der Festung vorbeizogen, hieben unbarmherzig auf ihre Tiere ein. Wieso blieb alles beim Alten, obwohl der Herr, der Sohn Gottes, diese Erde betreten hatte? Warum zeigte er nicht seine Macht, demütigte nicht die Stolzen, bestrafte nicht die Streitsüchtigen, ließ immer noch zu, dass der Name seines Vaters verunehrt und durch hässliche Flüche geschändet wurde?

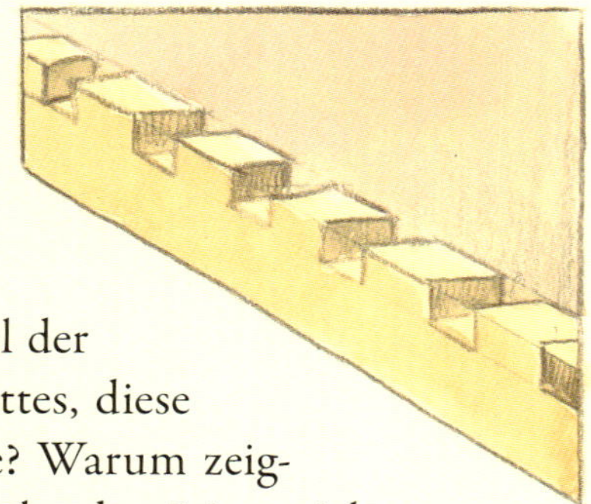

Das nagte an Johannes' Herz; und schließlich geschah ihm das Schlimmste, was ihm geschehen konnte: Er begann zu zweifeln. Ja, der Heilige Gottes begann daran zu zweifeln, dass Jesus wirklich der verheißene Messias sei.

Aber jene Stunde am Jordan, als die Stimme vom Himmel erscholl, der Lichtstrahl aus den Wolken fiel, die Taube über dem Haupt des jungen Nazareners erschien? Johannes schlug die Hände vor das Gesicht.

Tausend Qualen zerrissen sein Inneres. Er wusste nicht mehr ein noch aus, und als wieder einmal seine letzten Jünger zu Besuch kamen, schickte er sie zu Jesus.

»Fragt ihn: Bist du es, den uns Gott verheißen hat, oder sollen wir noch auf einen anderen warten?«

Mit dieser Frage wanderten die Jünger nordwärts über Jerusalem durch Samaria, bis sie Jesus fanden! Jesus antwortete ihnen: »Geht hin und meldet Johannes, was ihr gehört und gesehen habt: Blinde werden sehend. Lahme werfen ihre Krücken weg und können wieder gehen. Tote stehen auf und den Armen wird die Frohe Botschaft verkündigt. Durch wen könnten solche Wunder geschehen, wenn nicht durch den Messias?« Doch dann fügte er hinzu: »Selig, wer an mich glaubt und nicht Ärgernis nimmt an mir.«

Wir wissen nicht, ob die Jünger auch dieses letzte Wort dem gefangenen Johannes überbrachten, als sie nach Machärus zurückkehrten. Denn das war ein Tadel an Johannes, dem Getreuesten aller Getreuen, und musste ihm sehr wehtun. Und vielleicht erreichte ihn auch die andere Botschaft nicht mehr, die ihn ganz sicherlich beglückt hätte. Denn es geschah bald etwas Schreckliches und Grausames. Johannes musste sterben.
Wie kam es dazu?

Fürst Herodes Antipas begab sich wieder einmal auf Reisen und fast sein ganzer Hofstaat reiste mit ihm. Herodias begleitete ihn, dann etliche Verwandte, Schmeichler und Hofschranzen; ein Tross von Dienern, und in einer bunt bemalten zierlichen Sänfte Herodias' Tochter Salome aus ihrer früheren Ehe.
Das Mädchen war nicht älter als fünfzehn Jahre, zart und feingliedrig, und tanzen konnte es wie ein Teufel.
Herodias war sehr stolz auf ihre hübsche Tochter, und da Herodes ein Schwächling war, tat auch er Salome schön, hauptsächlich, um Herodias zu gefallen.
So zogen sie von Stadt zu Stadt, von Burg zu Burg, und eines Tages kamen sie auch nach Machärus.
Hatte Herodes im Trubel dieser Vergnügungsreise vergessen, dass er Johannes in Machärus gefangen hielt und dass er den Propheten in Gefahr brachte, als er mit der rachsüchtigen Herodias in der Festung einzog? Oder hatte diese schon auf der ganzen Reise nichts anderes im Sinn gehabt, als gerade hierher zu kommen?
Am Abend wurde ein Festmahl aufgetischt, denn der Fürst feierte seinen Geburtstag. Herodias hatte sich prächtig herausgeputzt. Ihre Ohrringe waren so groß, dass sie beinahe bis zur Schulter niederhingen, und in ihrem brandrot gefärbten Haar trug sie das Diadem einer Fürstin, das ihr gar nicht zustand.
Die Tische bogen sich unter leckeren Gerichten, und schwerer Wein floss in Strömen. Herodes war schon ziemlich berauscht, als Salome zu tanzen begann.
Er hatte sie schon etliche Male tanzen gesehen, aber noch nie so feurig, so behände; in ihren goldglitzernden Kleidern flog und wirbelte sie durch den Saal.
Als der Tanz zu Ende war, klatschten alle heftig Beifall. Herodes erhob sich und kam, schon ein wenig schwankend, auf seine Stieftochter zu.

»Du hast herrlich getanzt, Salome«, lallte er. »Bei meinem königlichen Wort: Zum Lohn dafür darfst du dir wünschen, was du willst! Ja, was du willst!«, fügte er prahlerisch hinzu, als er Salomes schlaue Augen freudig aufleuchten sah. »Sogar mein halbes Reich kannst du haben, so wahr ich Herodes Antipas heiße.«
Salome verbeugte sich tief und lächelte dabei listig. »Ich danke dir, mein hoher König«, erwiderte sie, »doch du wirst gewiss erlauben, dass ich mich zuvor mit meiner Mutter bespreche.«
»Ein braves Kind!«, rief Herodes und lachte laut auf, obwohl ihm im gleichen Augenblick einfiel, dass sein Versprechen doch recht unvorsichtig gewesen war; denn wenn Salome in der Tat sein halbes Reich verlangte – was dann? Nichtsdestoweniger fuhr er, immer noch lachend, fort: »Ein braves Kind, das zuerst seine Mutter fragt!«, und tappte zu seinem Platz zurück. Indessen lief Salome auf Herodias zu. Diese erhob sich rasch, und beide Frauen verließen den Saal, um sich unter vier Augen zu beraten. Was sich Salome wünschte, wissen wir nicht. Aber man kann sich denken, woran sie als Erstes dachte – nicht an das halbe Reich, das ihr der Stiefvater so leichtfertig angeboten; was sollte ein junges Mädchen mit einem solchen Geschenk? Aber vielleicht wünschte sie sich hundert perlenbestickte Kleider und fünfzig Paar Schuhe aus feinstem Gazellenleder oder eine prächtige Rudergaleere mit purpurnen Segeln, mit der sie auf dem See Gennesaret spazieren fahren wollte. Aber zu jedem Wunsch, den das Mädchen äußerte, schüttelte seine Mutter nur den Kopf.
Die Beratung dauerte lange, denn dem Mädchen fielen immer neue Wünsche ein, und die Mutter war mit keinem zufrieden und fand jeden Wunsch noch viel zu gering.
Endlich beugte sie sich vor und flüsterte etwas in das Ohr der Tochter. Das Mädchen fuhr zurück und starrte seine Mutter voll Entsetzen an; aber je länger die Mutter flüsterte, desto mehr wich das Entsetzen aus Salomes Augen und ein kaltes Licht trat in ihren Blick, eiskalt und hart – und schließlich nickte das Mädchen: »Ja.«
Unterdessen saß Herodes mit seinem Gefolge noch immer an der Tafel, doch seine gute Laune war verflogen und auch seine Freunde und Verwandten schienen plötzlich betreten und irgendwie besorgt. Sie tranken zwar noch aus ihren Bechern und aßen dazu, doch ihr Scherzen war nur noch matt und ihr Gelächter künstlich; es schien, als ahnten alle, dass sich ein Unglück anbahnte.
Jetzt kehrte Salome in den Saal zurück. Herodias folgte ihr und das wilde Funkeln ihrer Augen verhieß nichts Gutes. Wieder verneigte sich Salome vor dem Fürsten, dann sagte sie: »Da du, mein hoher

König, die Gnade gehabt hast, mir einen Wunsch freizustellen, welcherart er auch sein würde, und sogar bei deinem Namen geschworen hast, ihn zu erfüllen, so wünsche ich mir, dass mir jetzt und sogleich das Haupt des Johannes auf einer Schüssel gebracht werde.«
»Wie? Was?« Die Männer sprangen auf und schrien durcheinander. »Das Haupt des Johannes?« – »Was meint sie?« – »Das ist nicht möglich.«
Nur Herodes Antipas blieb sitzen, sein Gesicht war kreidebleich. »Ich habe nicht recht verstanden«, sagte er endlich langsam. »Was soll dir auf einer Schüssel gebracht werden?«
»Das Haupt des Johannes«, antwortete das Mädchen und warf einen Blick auf seine Mutter.
Herodes schrie: »Des Propheten?«
Das Mädchen verneigte sich wieder und sagte, nun selbst erblassend: »Er hat meine Mutter beleidigt.«
Nun wurde es still im Saal und jeder blickte zu Herodes hin. Er saß vornübergebeugt und rang nach Luft. Einen schrecklichen Augenblick lang war nichts als sein Keuchen zu hören. Er wollte Johannes nicht töten lassen, denn Johannes war ein Prophet, und es gab kein furchtbareres Verbrechen, als einen Propheten zu töten. Herodes wusste: Wenn er sich an Johannes vergriff, würden ihm der Fluch seines Volkes und die Verachtung der ganzen Welt sicher sein.
Andererseits hatte er sein Wort verpfändet, das Wort eines Fürsten, der sich nur allzu gern König nennen hörte; und wenn er sich jetzt weigerte, was würde Herodias sagen?
Herodias! In des Mannes Herz ballten sich Hass und Wut gegen die Frau, die ihn auf so elende Weise zum Mörder eines Gottgesandten machte.
Trotzdem sprach er das grässliche Wort aus: »Nun gut. So soll geschehen, was du verlangst, weil ich es versprochen habe.«
So starb Johannes unter dem Schwert eines Henkers, und sein Haupt wurde auf eine Schüssel gelegt und Salome gebracht.

DER JÜNGLING VON NAIN

In jenen Tagen sollte vor der kleinen Stadt Nain ein Begräbnis stattfinden. Ein Jüngling war gestorben, der einzige Sohn seiner Mutter, einer Witwe. Sie war arm und hatte ihre letzten Spargroschen dafür gegeben, dass ihr Sohn ein Handwerk lernte. Doch ehe er sein Meisterstück vollbringen konnte, wurde er krank und starb. Das ganze Städtchen bedauerte die Witwe, und viel Volk strömte zusammen um dem jungen Toten das Geleit zu geben.
Schon war das Grab vor der Stadtmauer zwischen anderen Gräbern unter einem großen Maulbeerbaum ausgehoben worden und der Leichenzug bewegte sich aus dem Tor die schmale und gewundene Straße hinab. Der Tote lag auf einer offenen Bahre, mit einem weißen Tuch bedeckt, denn die Juden pflegten ihre Toten nicht in Särgen zu begraben wie wir.
Der Leichenzug wollte von der Straße in die Begräbnisstätte einbiegen, als ihm eine Gruppe fremder Wanderer entgegenkam. Diese traten beiseite, um die Trauernden vorbeizulassen. In diesem Augenblick hob die Mutter des Toten ihre Augen und sah zum ersten Mal das offene Grab.
Sie zuckte zusammen, wankte und fiel auf die Knie. Zwei Nachbarn sprangen ihr bei und wollten sie aufheben. Aber sie krallte ihre Hände in die steinige

Erde und weinte bitterlich. Da trat einer der fremden Wanderer auf sie zu, rührte sie an und sprach: »Weine nicht!« Dann wandte er sich an die Männer, die die Bahre trugen und gebot ihnen: »Stellt sie nieder!«
Die Männer zögerten, doch dann gehorchten sie. Der Fremde schlug das Bahrtuch zurück und legte

Er setzte sich auf und schaute um sich. »Was ist geschehen?«, murmelte er verwirrt.
»Du lebst«, antwortete der Herr. »Du warst gestorben und bist wieder erwacht.«
»Ach«, sagte der Jüngling, »gestorben?«, und fuhr sich wie schlaftrunken mit der Hand über die noch kalte Stirn.

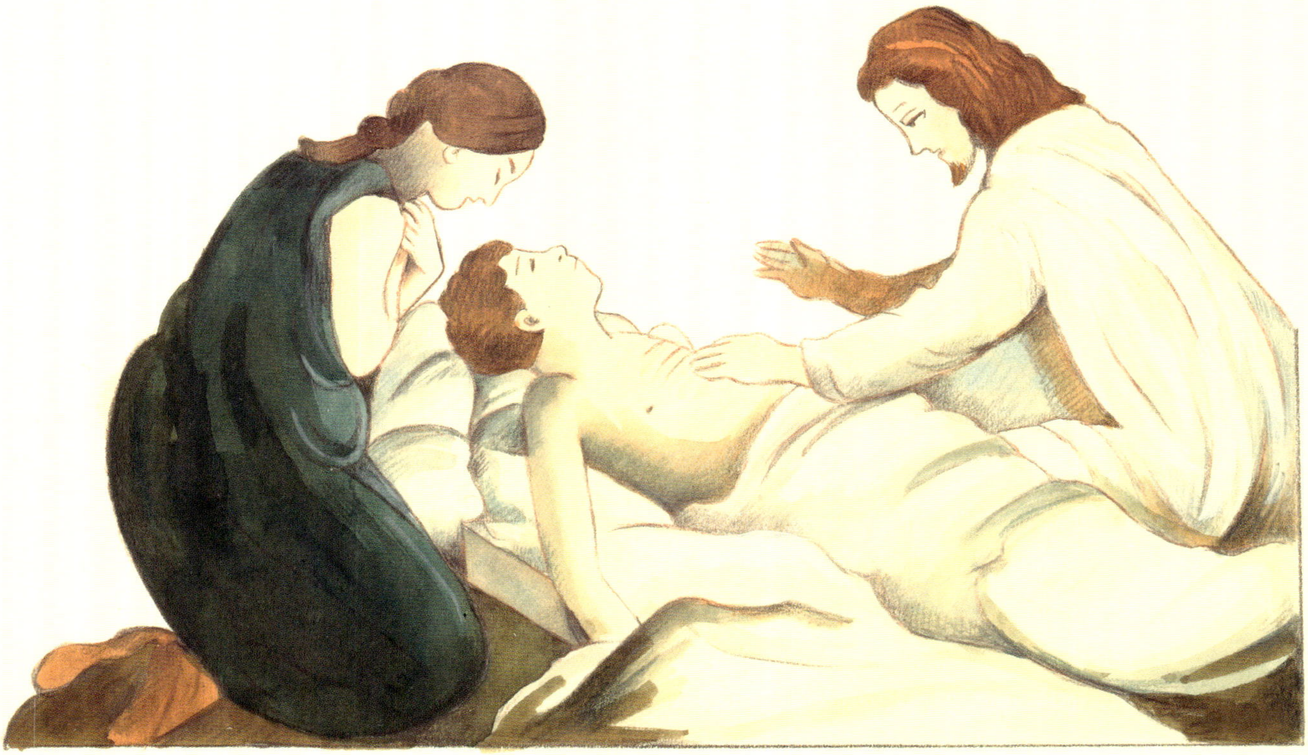

dem Toten die Hand auf die Brust. So verharrte er eine ganz kleine Zeit, drei oder vier Atemzüge lang. Dann sprach er: »Ich sage dir, Jüngling, steh auf.« Zuerst geschah nichts, was die Umstehenden sehen konnten. Denn nur ein leises Zittern bewegte die Lider des Gestorbenen. Dann öffneten sich seine Lippen, dehnte sich seine Brust, als holte er Luft.
In dieser Sekunde stieß jemand einen gellenden Schrei aus. Gleich darauf erscholl derselbe Schrei aus vielen Mündern, vielen Kehlen. Die Menschen stoben auseinander. Sogar die Jünger des Herrn wichen zurück, denn der Tote hatte den Kopf gehoben.

»Sieh da deine Mutter!«, fuhr der Herr fort. »Ihr Schmerz war groß. Nun ist ihre Freude noch größer. Gib dir Mühe, dass ihre Freude bleibt.«
Der Sohn blickte auf seine Mutter hin. Sie lag noch immer auf den Knien und starrte ihn mit weit aufgerissenen Augen an. Das schien ihn zu verwundern. Er warf das Bahrtuch weg und erhob sich.
»Was tust du da auf der Erde?«, fragte er. »Und warum hast du geweint?«
Die Frau sprang auf. Eine Sekunde lang schien es, als wollte auch sie fliehen, doch dann lag sie in den Armen des Sohnes, umschlang seinen Hals, sei-

nen Kopf, seine Schultern und bedeckte ihn mit Küssen.
Als die anderen Menschen das sahen, hielten sie inne. Ihr Entsetzen wich, ihr Schrecken legte sich. Sie konnten zwar immer noch nicht fassen, was geschehen war, aber ihre Furcht verging.
Einige wagten ein paar Schritte näher zu kommen, etliche lachten, andere weinten und schließlich lachten und weinten viele zugleich. Alle Augen wandten sich dem Fremden zu, der das unerhörte Wunder vollbracht hatte. Er stand gesenkten Hauptes unter einem Maulbeerbaum und schien zu beten.

DIE ERSTEN FEINDE

Die Kunde von diesem letzten Wunder durcheilte das ganze Land wie ein Lauffeuer. »Ein großer Prophet ist unter uns aufgestanden!«, ging es von Mund zu Mund. »Gott hat sein Volk heimgesucht!«
Überall wurde von Jesus gesprochen: auf Märkten und Straßen, in Herbergen und Werkstätten, an den Hirtenfeuern und in den Quartieren der Soldaten. Doch am meisten wurde von Jesus in den Synagogen geredet und an den Orten, wo Leviten, Schriftgelehrte und Pharisäer zusammentrafen. Diese Leute waren von einer ungeheuren Erregung ergriffen. Dieser Nazarener sprach und predigte von Gottes Reich, Gottes Willen und Geboten, und all das, wovon er redete, war ja ihre eigene Sache, ihr Beruf. Sie hatten die heiligen Schriften studiert und sich vielfach von Jugend auf mit nichts anderem beschäftigt, als die Bücher Moses und der Propheten auszulegen. Sie wachten über den Gesetzen, den Vorschriften und Anweisungen, als käme es auf jeden Buchstaben an. Alles war genauestens festgelegt: welche und wie viel Opfertiere an welchem Fest zum Tempel gebracht werden sollten, wann gewässerter und wann ungewässerter Wein getrunken werden durfte; zu welchem Anlass man weiße und zu welchem man bunt gefärbte Gläser benutzen sollte und vor allem, wie der Sabbat zu heiligen sei.
Der Sabbat bedeutete in Israel dasselbe wie unser Sonntag. Auch wir sollen am Sonntag zur Kirche gehen und keine schwere Arbeit verrichten. Andere Vorschriften kennen wir nicht.
Doch das Volk der Juden nahm das alles viel genauer. Niemand durfte am Sabbat auch nur die geringste Arbeit leisten. Sogar die Anzahl der Schritte war vorgeschrieben, weiter als eine Meile durfte niemand wandern. Der Arzt durfte keinen Kranken heilen, und es gab sogar Gesetzeslehrer, die es für eine Sünde hielten, wenn eine Mutter ihr Kind auf den Knien schaukelte.
Das einfache Volk, die kleinen Bauern und armen Hirten konnten sich beim besten Willen nicht an alle Vorschriften halten. Das Vieh muss-

te auch am Sabbat gefüttert und getränkt werden. Das wussten die Leviten und Pharisäer und ärgerten sich längst darüber; und mit der Zeit begannen sie die einfachen Menschen zu verachten und für verdammt und verloren zu halten.
Nun aber erschien Jesus und nahm sich gerade dieser Verlorenen an. Wie hatte er auf dem Berge gesagt: »Selig sind die Armen im Geiste, denn ihrer ist das Himmelreich.« Wie? Selig sollten diese Leute sein, die den Sabbat schändeten, indem sie ihr Vieh fütterten und tränkten? Selig sollten sie sein, die noch nie die Propheten gelesen, weil sie gar nicht lesen konnten? Die keine einzige Stelle der Heiligen Schrift auswendig wussten und die nicht einmal genau angeben konnten, wie viel Ellen die Arche Noahs in der Länge und Breite gemessen hatte? Wenn dieser Jesus nun sagte: »Selig sind die Sanftmütigen, denn sie werden das Land besitzen«, dann sträubte sich alles in einem tapferen Pharisäer. War Mose etwa sanftmütig gewesen, als er den ägyptischen Aufseher erschlug? Oder Josua? Oder David, als er den mächtigen Goliath erlegte? Nein. Streitbar war Israel gewesen seit jeher; und streitbar und hasserfüllt wollten sie auch jetzt sein, die gelehrten strengen, unerbittlichen Pharisäer. Sie hassten die Römer, diese Heiden! Aber sie hassten auch ihre eigenen Landsleute, die Bewohner von Samaria, die statt im Tempel von Jerusalem Gott auf dem Berg Garizim opfern wollten und die sie deshalb für verworfen und gottlos hielten. Sie hatten Johannes den Täufer gehasst, weil er so mächtig gepredigt und so viel Volk an sich gezogen hatte. Nun waren sie nahe daran, auch Jesus zu hassen.
Noch war es nicht so weit, denn auch die Pharisäer hofften auf einen Messias. Sie warteten auf einen Retter ihres Volkes. Doch sie stellten sich vor, er müsste aus ihren Reihen kommen. Auch er müsste ihre Tracht tragen: lange, schwarze oder dunkelgraue Kleider und kleine Schächtelchen an die Schläfen gebunden, in diesen Schächtelchen steckten Papyrusstreifen, auf die Gebete geschrieben waren. Auch er, so dachten sie, müsste hohlwangig und bleich, in schwarzen Kleidern und mit Asche bestäubt umherlaufen wie sie; er müsste wie sie jeden Fremdling hassen und um jeden Heiden einen Bogen machen, als habe er die Pest. So stellten sie sich den Messias nach ihrem eigenen Bild vor, und als das Volk nun anfing, von Jesus als von dem großen Meister und Herrn und sogar Heiland zu reden, da empörten sie sich. Von nun an waren sie seine Feinde, und etliche von ihnen wurden beauftragt, ihm zu folgen, ihn zu beobachten und ihn auszuforschen.

DIE HEILUNG AM SABBAT

Eines Sabbats wanderte Jesus mit seinen Jüngern wieder einmal über Land. Sie waren schon seit frühmorgens unterwegs und hatten Hunger.
»Meister«, fragten die Jünger, »wann kommen wir in eine Herberge?«

»Wartet noch eine Weile«, sagte Jesus, »Gottes Tisch ist heute für euch unter freiem Himmel gedeckt.« Und so gingen sie weiter.
Von fern folgten ihnen zwei Pharisäer. Die beiden waren schon sehr ärgerlich, dass sie gerade am Sabbat einen so weiten Weg machen mussten, um diesem Nazarener zu folgen. Doch da sie dazu beauftragt waren, hielten sie sich für diesmal entschuldigt.
Als es gegen Mittag ging, bemerkten sie, dass Jesus mit seinen Jüngern am Rand eines Ährenfeldes lagerte. Schon wollten auch sie sich zur Rast niederlassen, doch was sahen sie da? Die Jünger hatten begonnen, Ähren abzurupfen und sie zwischen ihren Händen zu zerreiben, sodass die schon reifen Körner herausfielen. Diese aßen sie dann.
Die Pharisäer warfen einander bedeutsame Blicke zu. Nun hatten sie Jesus und seine Gefährten bei einem neuen Verstoß gegen die Sabbatruhe ertappt. Sie setzten ihre strengsten und hochmütigsten Mienen auf und schickten sich an, vorüberzugehen. Sie waren sicher, dass die Jünger bei ihrem Anblick erschrocken innehalten und Ähren und Körner wegwerfen würden wie Kinder, die bei einem üblen Streich ertappt werden. Doch die Jünger aßen ruhig weiter. Das erbitterte die Pharisäer so sehr, dass der eine von ihnen auf die Jünger losfuhr und rief: »Schämt ihr euch nicht, den Sabbat zu entheiligen?« Und zu Jesus gewandt: »Du nennst dich Meister und erlaubst ihnen zu tun, was verboten ist?«
Jesus blickte die Pharisäer ruhig an und sagte: »Sie haben Hunger, warum sollten sie nicht essen?«
Schon wollte der Pharisäer aufbrausen, da fuhr Jesus fort: »Ist denn der Mensch für den Sabbat da und nicht umgekehrt: der Sabbat für den Menschen? Darum erlaubte ich ihnen, vom Feld zu nehmen.«
»Unerhört!« Die beiden wandten sich empört ab und gingen weiter. Jesus blickte ihnen nach. Dann sprach er zu seinen Jüngern: »Wenn ihr gesättigt seid, wollen wir wieder aufbrechen. Heute wartet noch eine andere Arbeit auf uns.«

Gegen Abend kamen sie in ein kleines abgelegenes Städtchen, das sie noch nie besucht hatten. Niemand kannte sie hier. In der Synagoge wurde soeben Gottesdienst gehalten. Die Pharisäer schienen verschwunden, die Jünger dachten, sie seien umgekehrt oder in eine Herberge gegangen. Nur Jesus wusste, dass sich die beiden hinter ihnen in den Betsaal schlichen und hinter einer Säule lauerten.
Ein Levit las aus der Heiligen Schrift vor. Jesus hörte aufmerksam zu. Als jener geendet hatte, blickte er sich um; aber er blickte nicht nach den Pharisäern, sein Auge suchte einen anderen Menschen; der stand im dunkelsten Winkel der Synagoge, ein kleines Männchen in zerfetzten Kleidern, grau und hager. Man hätte ihn für einen alten Mann halten können und er war noch nicht einmal dreißig. Ein hässliches Gebrechen hatte an seiner Lebenskraft gezehrt, seine rechte Hand war gelähmt und verdorrt, sein Arm verkrüppelt. Von Geburt an schleppte er dieses Unglück mit sich. Seine Eltern hatten sich seiner geschämt und

ihn sogar aus ihrem Hause gewiesen. Nun war er ein Bettler, aber weil die Leute dachten, dass sein Gebrechen eine Strafe sei für seine eigene Sündhaftigkeit, gaben sie ihm fast nichts oder nur so viel, dass er nicht eben am Hunger starb. Dabei war er nicht einmal verbittert, sondern trug sein Schicksal geduldig. Seine Verunstaltung verbarg er, so gut er konnte, und hielt seine dürre Hand meist in Lumpen gewickelt.

Zu diesem Menschen trat nun Jesus hin und sprach: »Komm aus deinem Winkel hervor und stelle dich hierher in die Mitte!«

Die Leute schauten verwundert auf. Was wollte der fremde Mann mit dem Krüppel? Warum führte er ihn jetzt in die Mitte der Synagoge? Und nun gebot er ihm sogar, den Arm zu entblößen?

Der Bettler sträubte sich zuerst, er schämte sich, und einen Augenblick sah es so aus, als wollte er sich losreißen und davonlaufen. Doch Jesus hielt ihn fest und drehte ihn der ganzen Versammlung zu.

»Seht ihn nur an!«, sagte er. »Euren Bruder!«

»Bruder!«, murmelten die Leute unwillig. Seit wann war dieser Verfluchte ihr Bruder?

»Ja, euer Bruder!«, fuhr Jesus mit erhobener Stimme fort. »Nicht seiner eigenen Sünden wegen ist er geschlagen, sondern erst eure Herzenshärte hat ihn zu dem gemacht, was er jetzt ist. Doch Gott hat ihn auserwählt, um an ihm seine Güte zu zeigen. Es ist zwar Sabbat heute, und ihr habt ein Gesetz, das dem Arzt verbietet, am Sabbat zu heilen. Nun aber frage ich euch: Soll man am Sabbat Gutes oder Böses tun? Soll man ein Leben retten oder zugrunde gehen lassen? Antwortet mir! – Antwortet mir!«, rief Jesus noch einmal, als sich niemand regte, und dann – zum dritten Mal: »Ist niemand hier, der mir darauf eine Antwort gibt?«

Manchem lag es schon auf der Zunge, er wollte sagen: Du hast recht, am Sabbat sollen wir Gutes tun, du hast recht, auch am Sabbat soll ein Leben gerettet werden. Aber da waren ja die beiden Pharisäer, sie standen noch immer hinter ihrer Säule, ihre Gegenwart war längst bemerkt worden, und in ihrer Gegenwart erlaubte sich niemand, der einfachen Wahrheit die Ehre zu geben, und darum schwiegen sie.

Jesus wurde traurig und sprach: »Ihr sollt erkennen, dass der Menschensohn Herr über alle Gesetze ist, auch über den Sabbat.«

Er berührte den Arm des Krüppels und sagte: »Sei gesund!«

In demselben Augenblick wurde die verkrüppelte Hand genauso wie die andere. Ihre Muskeln streckten sich, ihre Finger öffneten sich und die dünnen, zerbrechlichen Gelenke waren rund und kräftig wie an der anderen gesunden Hand.

Eine Bewegung ging durch die ganze Gemeinde. Die Leute stürzten herbei, sie umdrängten Jesus und den Geheilten, jeder wollte der Erste sein, das Wunder zu sehen und sich zu überzeugen. Die Pharisäer waren vergessen, und endlich liefen auch die Eltern des Bettlers herbei, umarmten ihren Sohn und küssten ihn zum ersten Mal.

Ehe der Geheilte in dem Tumult dazu kam, Jesus richtig zu danken, sammelten sich schon andere Kranke vor dem Tor. Irgendjemand hatte in den Gassen des Städtchens ausgerufen, ein großer Wundertäter wirke in der Synagoge. Er könne alle gesund machen, die krank seien. Dieser Ruf drang bis in die hintersten Kämmerchen der Häuser. Da erhob sich hier einer von seinem Strohlager: Er litt an einem eiternden Bein, seit er sich einen Dorn in den Fuß getreten hatte. Nun nahm er seine Krücken und humpelte herbei. – Dort saß ein Blinder in seiner ewigen Nacht; auch er erhob sich und tastete mit seinem Stock über die Schwelle auf die Gasse hinaus. – In jenem Häuschen sorgte sich eine Mutter um ihr fieberndes Kind; sie nahm es in ihre Arme und schleppte es herbei. »Wo ist er, der uns heilen kann?« – »Wo ist er?« – »Wo ist er?« Und selbst aus einem weit vor der Stadt gelegenen Gehöft kam ein Häuflein angekeucht: ein Vater mit seinen sechs Kindern; sie trugen die kranke Mutter auf einer Bahre mit sich.

Jesus stand nun unter dem Tor der Synagoge, weil die Menge drinnen keinen Platz mehr fand. Er berührte das eiternde Bein und es war heil. Er strich dem Blinden über die Augen und dieser konnte sehen. Er legte dem fiebernden Kind die Hand auf, es war im Augenblick gesund; und er neigte sich über die kranke Frau auf der Bahre und sie kam wieder zu Kräften.

Ein großes Frohlocken ging durch die ganze Stadt. Niemand dachte mehr an die Pharisäer. Jeder wollte Jesus zu sich einladen oder wenigstens einen seiner Jünger.

»Er ist der Messias«, riefen sie einander zu. »Der Messias ist zu uns gekommen!« Sie brachen Zweige von den Bäumen und bekränzten sich damit, und als die Dunkelheit einfiel, zündeten sie Lichter an und zogen damit durch die Straßen.

So ging jener Sabbat zu Ende, an dem Jesus gezeigt hatte, dass der Tag des Herrn ein Tag der Freude ist. Doch während es Nacht wurde und das Abendrot im Westen verglomm, huschten zwei dunkle Gestalten aus der Stadt: die beiden Pharisäer.

DER STURM AUF DEM SEE GENNESARET

Wieder weilte Jesus am See Gennesaret. Diesmal wollte er die Städte am östlichen Ufer aufsuchen. Darum bat er Petrus und Andreas, ihn und die anderen Jünger hinüberzurudern.

»Das Wetter ist nicht günstig, Herr«, meinte Andreas. »Im Süden zieht ein Gewitter auf.«
Doch Petrus zögerte nicht, das Boot fertig zu machen. Seit dem wunderbaren Fischzug war er ganz verwandelt. Er wich kaum noch einen Schritt von der Seite des Meisters und tat alles, was dieser verlangte, ohne auch nur die kleinste Frage zu stellen. Wenn Jesus zum Volk sprach, stand er daneben, betrachtete ihn mit glänzenden Augen und nickte zu jedem Wort. Wenn sie zur Nacht in einer Herberge einkehrten, sorgte er dafür, dass es dem Meister an nichts mangelte, und manchmal schlich er, wenn Jesus schon schlief, an sein Lager und schob ihm sachte den eigenen zusammengerollten Mantel unter das Haupt.
So war er gar nicht zufrieden, als sich jetzt Andreas gestattete, auf das heranziehende Gewitter aufmerksam zu machen. Er brummte sogar den Bruder an: »Glaubst du, der Meister sieht es nicht selbst?«
Sie stiegen in das Schifflein, und die Jünger begannen zu rudern. Sie waren noch nicht sehr weit vom Ufer entfernt, als sich Jesus zur Ruhe bettete. Er hatte seit dem frühen Morgen gepredigt, nun war er müde und schlief ein.
Eine Weile ging alles gut. Doch die schwärzliche Gewitterwand schob sich näher und näher. Der See verlor seine blaue Farbe, er wurde dunkel und glanzlos, und auf einmal liefen die ersten Schaumkronen heran. »Sollten wir nicht umkehren?«, fragte Natanael. Petrus schüttelte stumm den Kopf.
Nun wurden die Schaumkronen größer und breiter. Das Boot schaukelte und tauchte hinauf und hinab. Die dunkle Gewitterwand erreichte den Zenit, die ersten Blitze zuckten und fielen senkrecht in den See hinab. Der Donner vermischte sich mit dem Tosen der Wogen.
»Warum kehrst du nicht um?«, schrie Natanael Petrus zu; er musste schreien, damit ihn jener noch hörte; doch Petrus ruderte weiter.
Die Gischt begann in das Boot hereinzuspritzen, und immer größere Wellen stürmten heran. Blitz folgte auf Blitz. Nun trieb das Schifflein vor dem Sturm. Andreas hielt das Steuer fest – wie lange noch? Der nächste Brecher musste das Boot vollschlagen und dann …
Johannes warf sich von der Ruderbank auf den Boden vor Jesus nieder.
»Meister!«, rief er, »Meister, wach auf!«
Jesus öffnete die Augen und blickte Johannes an, als wäre er aus dem tiefsten Schlaf erwacht. In diesem Augenblick verlor Andreas die Gewalt über das

Steuer, und der Sturm wirbelte das Schiff herum. »Rette uns!«, schrien die Jünger auf. »Wir gehen zugrunde!«

Was im nächsten Augenblick geschah, blieb den Männern immer unbegreiflich. Jesus erhob sich in dem schwankenden Boot so ruhig, als läge es still. Er streckte den Arm gegen die nächste Woge aus, die soeben heranrollte. Schon schickte sie sich an, über dem Boot zusammenzubrechen, da teilte sich ihr Kamm und lief auseinander und links und rechts an dem Boot vorbei. Die nächste Welle kam, und auch sie teilte sich, und so die dritte, vierte und fünfte. Zugleich hörte der Sturm auf, in den Haaren und Bärten der Männer zu wühlen und ihre Röcke flattern zu lassen. Die grauen Regenschauer rissen wie Tücher auseinander, selbst der Donner krachte nicht mehr, sondern schien wie ein gedämpftes Rollen gegen die Ufer hin abzuziehen. Kurz währte der Kampf der Elemente mit sich selbst. Sie hatten den Befehl ihres Herrn vernommen, das mächtige Wort ihres Schöpfers, das ihnen gebot, innezuhalten und sich zur Ruhe zu legen. Noch grollte die Tiefe nach, noch wollten die Blitze zucken, aber Gottes Macht hatte sie schon gebunden. Die schwarze Wolkenmasse floh auseinander und spaltete sich, und aus dem Himmel, der blau erglänzte, floss ein Strom goldenen Lichts.

Die Jünger erhoben sich vom Boden des Bootes, auf den sie der Sturm hingeschleudert und niedergedrückt hatte. Als Erster stand Johannes auf, dann Jakobus, dann Petrus, alle blickten um sich. Das Schiff lag ruhig auf der Flut, die sich nur noch langsam hob und senkte, von den Rudern triefte das Wasser und fiel in funkelnden Tropfen ab. Ringsum leuchtete die Landschaft klar und rein, hier die weißen Häuser von Kafarnaum, dort die rötlichen Türme von Gadara.

Der Meister saß auf einer der Ruderbänke und blickte die Männer aus lächelnden Augen an.

»Was seid ihr so furchtsam, ihr Kleingläubigen«, sagte er. »Wovor könnt ihr euch ängstigen, solange ich bei euch bin?«

Nach einer Weile hieß er sie weiterzurudern. Sie gehorchten schweigend. Auch untereinander wagten sie kein Wort zu wechseln. Jeder dachte bei sich: Wer ist dieser Mensch, dass selbst Wind und Wasser, Sturm und Blitze ihm untertan sind?

DIE BESESSENEN VON GERASA

Nach einer Weile legte das Boot am anderen Ufer an. Die Gegend gehörte zur Stadt Gerasa. Die Jünger glaubten, Jesus werde nun dorthin gehen, um wie an anderen Orten in der Synagoge zu predigen. Doch Jesus schlug einen anderen Weg ein.

Dieser war kaum noch begangen, denn er führte durch eine Schlucht, und hier hausten zwei Besessene zwischen den Felswänden in leeren Grabeshöhlen. Sie sahen entsetzlich aus: Die Kleider waren an ihnen vermodert und in Fetzen von ihren ausgemergelten Körpern gefallen. Sie waren nackt, ihr Haar war borstig und verwildert, und ihr furchtbares Geheul schallte Tag und Nacht von den Felsen wider. Niemand getraute sich mehr, hier vorbeizugehen.

In diese Unglücklichen waren böse Geister eingezogen, Geister, die sie quälten, die ihnen Verstand, Vernunft und freien Willen raubten. Besonders der eine von ihnen, ein riesenhafter Mensch, fand Tag und Nacht keine Ruhe. Immerfort saß er auf demselben Platz und schlug sich mit einem Stein gegen Kopf und Brust; obwohl er vor Schmerz heulte, konnte er nicht aufhören, sich zu schlagen.

Zu diesen Unseligen schlug Jesus nun den Weg ein. Die Jünger schauderte es. Was suchte der Meister dort oben? Wollte er etwa die bösen Geister beschwören? Das konnte doch niemand! Zitternd folgten sie Jesus den steilen, halb verfallenen Pfad. Schon hörten sie die Besessenen unter den Felsen heulen und da tauchte auch der Riese zwischen den Steinen auf. Ach, welch ein Anblick! Sein wüstes Haar war gesträubt, Schaum stand vor seinen Lippen.

»Was kommst du hierher?«, schrie er dem Herrn entgegen. »Was willst du von uns? Wir wissen, wer du bist! Du bist der Heilige Gottes! Wehe, wehe, geh weg von hier!«

Als die Jünger diese Worte hörten, erschraken sie sehr. Sie begriffen: Es waren die bösen Geister, die aus dem Unglücklichen sprachen. Am liebsten wären sie geflüchtet. Doch Jesus trat noch einige Schritte vor und fragte: »Wie heißt ihr?«

Der Mann antwortete: »Unser Name ist Legion.« Denn es hauste in ihm nicht nur ein Dämon, sondern eine ganze Schar unseliger Geister.

Der Herr sprach: »Ich befehle euch! Verlasst diesen Menschen! Auch er ist ein Gotteskind und ihr habt kein Recht auf seine Seele.«

Der Besessene krümmte sich, und die bösen Geister in ihm winselten um Erbarmen: »Warum quälst du uns, du Heiliger Gottes! Wir flehen dich an, vertreibe uns nicht. Wohin sollen wir, wenn wir diesen Körper verlassen müssen?« Und sie spürten, dass Jesus in seiner Macht über die Dämonen die Herrschaft Satans zerstören könnte.

Jesus antwortete nicht. Doch als er sich umsah, erblickte er tief unten vor dem Eingang der Schlucht

eine große Schweineherde. Sie weidete am Ufer des Sees, der hier so schwarz schien wie Tinte.

Der Herr sprach: »Fahret aus diesem Menschen aus, ihr bösen, unseligen Geister. Wenn ihr in Lebendigem hausen wollt, so nehmt in diesen Schweinen Wohnung.«

Da fuhren die Dämonen aus den Besessenen aus. Wie ein Schwarm schwarzer, gelb geflügelter Hornissen wirbelten sie durch die Luft und fuhren in die Schweine hinein.

Die Tiere bäumten sich auf und jagten durcheinander. Doch dann nahmen sie ihren Weg auf den See zu und hetzten gestreckten Laufs hinein. Die Hirten, die ihre Herde begleitet hatten, schrien laut und flohen. Dann wurde es ganz still.

Die Jünger hatten ihre Gesichter vor dem grausigen Schauspiel verhüllt und wagten noch immer nicht aufzublicken.

Ein leises Weinen ertönte zwischen den Felsen, es kam aus Jesu Nähe, und es klang, als wenn zwei Kinder weinten, die sich in einem finsteren Wald verirrt und verloren hatten und nun – von ihrer Mutter gefunden – sich glücklich in deren Arme schmiegen, erschöpft und erlöst zugleich. Wer weinte hier so? Die Jünger ließen die Hände sinken. Da sahen sie es selbst: Die zwei Besessenen saßen zu Jesu Füßen. Die

wilden Wesen waren wieder zu Menschen geworden, und der grässliche riesige Kerl beugte sich demütig und gezähmt so tief, dass seine Löwenmähne den Boden berührte. »Meister«, stammelte er, »Meister, wir danken dir!«
Jesus winkte den Jüngern. Johannes gab dem einen seinen Mantel und Andreas dem anderen seinen Überrock. So konnten sich die beiden bekleiden und sie folgten Jesus und seinen Jüngern hinab an das Ufer des Sees und dann landeinwärts hinüber nach Gerasa.
Doch dort ereignete sich etwas Seltsames und Trauriges. Als sie ankamen, waren die Straßen wie leer, gefegt. Alle Menschen waren in die Häuser geflohen. Durch Fensterläden und Luken spähten ängstliche Augen. Da und dort ertönte ein leiser Schreckensschrei und ein scheues Raunen: »Die Besessenen!« – »Er führt sie herein!« – »Er kommt!« – »Was will er von uns?«
Was war geschehen?
Die Schweinehirten waren Jesus und seinen Jüngern vorausgeeilt und hatten unter großem Gejammer den Verlust der Herde beklagt. Doch nicht der Tod der Tiere erschreckte die Leute sosehr, denn sie durften, soweit sie gläubige Juden waren, ohnehin kein Schweinefleisch essen, und die Herde gehörte einem

römischen Gutsbesitzer. Die Menschen entsetzte die Nachricht, dass Jesus die zwei Besessenen erlöst und die bösen Geister aus ihnen ausgetrieben hatte. Wer war der Mann, der es wagte, Dämonen zu gebieten? Wer war dieser Fremde, vor dem sogar die Hölle zu zittern schien?
Nein, die Bewohner getrauten sich nicht, ihn hier in Gerasa zu empfangen. Aber wer sollte ihm das sagen? Dazu war der Bürgermeister und Ortsvorsteher da.
So ging dieser, von den anderen Gerasanern gedrängt, Jesus entgegen. Höflich verbeugte er sich, doch dann sprach er: »Die Bürger von Gerasa bitten dich, diese Stadt zu verlassen. Wir sehen, du bist ein mächtiger Mann, ein großer Wundertäter. Aber wir sind einfache Leute, die gern in Ruhe gelassen werden wollen. Wir brauchen keine Wunder.«
Jesus erwiderte kein einziges Wort auf diese jämmerliche Rede. Stumm wandte er sich um und ging mit seinen Jüngern zum Tor hinaus.

Schon einmal war etwas Ähnliches geschehen: Damals hatte sich ein Dorf in Samaria geweigert, Jesus und seine Freunde aufzunehmen; und damals waren Johannes und Jakobus voll Empörung gewesen. »Meister!«, riefen sie. »Man hat dich verschmäht und beleidigt. Willst du die Stadt nicht bestrafen? Lass Feuer vom Himmel fallen, dass sie vernichtet werde!«
Doch Jesus antwortete: »Was sprecht ihr da? Ich soll Feuer vom Himmel fallen lassen? Ich bin nicht gekommen, um zu richten, sondern um zu retten.«
So blieb auch Gerasa unbestraft dafür, dass es den Herrn aus seinen Mauern ausgetrieben hatte.
Als sie auf der anderen Seite des Sees ankamen, trat ein Schriftgelehrter auf Jesus zu und sagte: »Meister, ich will dir folgen, wohin du auch gehen magst.«
Jesus antwortete: »Die Füchse haben ihre Höhlen und die Vögel des Himmels haben ihre Nester. Aber der Menschensohn hat keine Stätte, wo er sein Haupt niederlegen kann.«
Da erschrak der Schriftgelehrte und ging fort.

DAS ERSTE GLEICHNIS

Wieder versammelte sich das Volk um den Herrn und wollte ihn predigen hören.
Jesus sprach: »Ein Sämann ging auf seinen Acker um ihn zu bestellen. Als er nun säte, fielen etliche Körner auf den Weg. Dort wurden sie von den Vorübergehenden zertreten und die Vögel kamen und fraßen sie auf. Andere Körner fielen auf steinigen Grund. Da verdorrten sie, weil sie keine Nahrung fanden und keine Wurzeln schlagen konnten. Andere Körner wieder fielen zwischen Dorngesträuch, und als der Frühjahrsregen kam, wuchs das Unkraut und erstickte die jungen Halme. Der Rest des Saatgutes aber fiel auf gute Erde und gedieh und brachte reiche Frucht.«

Nachdem Jesus so gesprochen hatte, schwieg er. Die Zuhörer blickten ihn erwartungsvoll an, denn sie wussten nicht, was sie mit dieser Geschichte anfangen sollten.
Schließlich sagte einer der Jünger: »Meister, wir wissen, so ist es. Wenn ein Bauer sein Feld bestellt, geht immer ein Teil des Saatguts verloren. Doch warum hast du uns erzählt, was uns ohnehin bekannt ist?«
Jesus antwortete: »Wer Ohren hat, der höre. Ich habe euch das als Gleichnis erzählt, und ich meine es so: Der Samen ist das Wort Gottes. Er wird in die Welt hinausgesät, fällt dahin und dorthin und wird von vielen gehört. Doch die einen vergessen es wieder, bei ihnen ist es gleichsam auf den Weg gefallen, wo es zertreten und von den Vögeln aufgepickt wird. Bei den anderen fällt das Wort Gottes auf steinigen Boden, das heißt: Sie glauben eine Zeitlang, dann aber stirbt ihr Glaube, denn er schlägt keine Wurzel in ihnen. Bei den dritten wird das Wort Gottes durch Dornen und Unkraut erstickt, weil ihre Herzen nicht nach dem Himmelreich, sondern nach Geld und Gut und irdischen Genüssen verlangen. Dieses Verlangen wuchert in ihnen und drückt die zarte Pflanze des Glaubens zu Boden. Nur die Herzen der Letzten gleichen guter, fruchtbarer Erde. Sie nehmen das Wort Gottes auf und in ihnen trägt es hundertfältige Ernte. Versteht ihr nun, was das Gleichnis zu bedeuten hat?«
Die Jünger nickten und auch das Volk stimmte zu, und alle hatten Jesu Worte begriffen.

DIE TOCHTER DES JAIRUS

Während Jesus noch saß und redete, kam ein Mann in großer Eile herbei. Die Leute erkannten ihn und sagten: »Siehe da, der Vorsteher der Synagoge von Kafarnaum. Was mag er wollen, dass er es so eilig hat?«
Da rief der Mann schon von Weitem und seine Stimme keuchte: »Ist der Meister bei euch?«
Ja, der Meister war da.
Da lief der Mann auf Jesus zu, warf sich vor ihm auf die Knie und bat, um Atem ringend: »Hilf mir, ich bitte dich. Meine einzige Tochter, mein einziges Kind liegt im Sterben. Herr, rette mein Kind.«
Jesus erhob sich und sagte: »Sei ruhig, Jairus, deiner Tochter soll geholfen werden.« Und ohne einen Augenblick zu zögern brach er auf und begab sich an der Seite des Mannes nach Kafarnaum. Auf dem ganzen Weg hörte dieser nicht auf, Jesus um Hilfe zu bitten und ihn immer wieder zu fragen: »Ach, Herr, die Kleine ist sehr krank. Wirst du ihr helfen können, Herr?«
Endlich näherten sie sich dem Tor von Kafarnaum. Aber was begab sich da? Es wimmelte von Menschen, als hätten fast alle Einwoh-

ner der Stadt ihre Häuser verlassen und sich hier an dem Tor versammelt, durch das Jairus zurückkommen musste. Als es bekannt geworden war, dass dieser Jairus, der angesehene Vorsteher der Synagoge, zu dem nazarenischen Wundertäter geeilt war, strömten sie in Massen herbei und blickten den Ankommenden voll Spannung und Neugier entgegen. Würde es Jairus wirklich gelungen sein, den Meister mitzubringen? Und würden sie wohl noch zurechtkommen? Doch nicht nur Neugier und Spannung hatten die Menschen zum Stadttor getrieben; denn in der Menge befanden sich manche, die ein heimliches Anliegen und eine heimliche Not hatten.

Unter den wartenden Menschen gab es eine Frau, die schon seit zwölf Jahren an einer auszehrenden Krankheit litt. Einst war sie wohlhabend gewesen, jetzt war sie bettelarm. All ihr Geld und Gut hatte sie hingegeben, um wieder gesund zu werden. Doch kein Mittel, kein Arzt konnte helfen. Nun hoffte sie auf Jesus. Wahrhaftig, eine letzte Hoffnung! Denn sie schämte sich ihrer Krankheit und hätte nie gewagt, offen vor ihn hinzutreten und ihn vor allem Volk um Heilung zu bitten. Vielleicht nützte es schon, den Saum seines Kleides zu streifen? So wankte auch sie herbei, kraftlos und elend, wie sie war, und ließ sich von der wogenden Menge hin und her stoßen.

Als Jesus die Stadt betrat, wurde er sofort von vielen Menschen umringt und aufgehalten. Jairus sah es voll Verzweiflung.

»Platz da!«, schrie er und versuchte dem Herrn eine Gasse zu bahnen. »Wir müssen uns beeilen!«

Doch das nützte wenig. Jeder drängte mit einem anderen Wunsch heran. Junge Mütter hielten Jesus ihre Säuglinge entgegen, damit er sie segne. Krüppel zeigten ihre verstümmelten Gliedmaßen, sodass Jesus und seine Begleiter nur schrittweise vorankamen.

Mit einem Mal hielt Jesus inne und rief: »Wer hat mich berührt?«

Petrus stand dicht bei ihm. Er hatte sich, genauso wie Jairus, vergeblich bemüht, Jesus vor den Zudringli-

chen abzuschirmen. Nun sagte er: »Ach, Herr, von allen Seiten drängen und stoßen dich die Leute und du fragst noch: Wer hat mich berührt?«
»Ich habe es deutlich gefühlt«, sagte Jesus. »Es ging eine Kraft von mir aus!« Er blickte suchend um sich und forschte in den Gesichtern derer, die ihm am nächsten standen, und schließlich senkte er den Blick: Da kniete ein Weib auf dem Boden und war nahe daran, ganz in den Staub getreten zu werden. Sie krümmte sich zusammen und gestand: »Ich war's!«
»Ja, du warst es«, sprach Jesus und hob sie auf. »Dein Glaube hat dir geholfen, meine Tochter. Du bist geheilt.«
»Geheilt?«, flüsterte sie fassungslos und wagte kaum ihr Gesicht zu heben. Ein noch nie empfundenes Gefühl der Kräftigung durchdrang sie und sie wusste: Das war die Genesung. Doch in diesem Augenblick entstand weiter vorn ein neues Gedränge. Jemand rief den Namen des Jairus. Ein Mann kam heran und kämpfte sich durch die Massen.
Als Jairus ihn erblickte, wurde er aschfahl im Gesicht. »Bruder!«, schrie er auf. »Du bringst mir schlimme Nachricht –?«
Ja, in der Tat: Jairus' Bruder war gekommen, um die schlimmste Nachricht zu bringen. Er musste sie nicht aussprechen, Jairus hatte sie schon erraten. »Tot?«, fragte er mit bebenden Lippen. Der andere nickte nur. »Tot!«, rief Jairus verzweifelt. »Mein Kind, mein kleines Mädchen ist tot!«

Die Menschen schwiegen still, und etliche wichen sogar zurück. Mitleidig sahen sie auf den weinenden Vater. Jairus' Bruder trat zu Jesus hin und sagte leise: »Du brauchst dich nicht mehr zu bemühen, Meister. Wir haben die Kleine soeben aufgebahrt.«
Jesus schob ihn zur Seite, legte Jairus die Hand auf die Schulter und sprach: »Fürchte dich nicht! Du glaubst, wir seien zu spät gekommen, Jairus? Wenn du Vertrauen hast, kann dein Kind noch gesund werden!«
Jairus schluchzte nur. Sein Kind war tot, worauf sollte er noch hoffen? Trotzdem führte er Jesus zu seinem Haus. Dieses Haus lag weiter oben im Städtchen Kafarnaum in einer schmalen, aber sauberen Gasse. Hinter den Mauern erstreckten sich kleine Gärten, und blühende Büsche neigten sich von beiden Seiten herein. Die Sonne stand schon schräg gegen Westen und ihre Strahlen vergoldeten eine marmorne Pforte.
»Hier ist es!«, sagte Jairus und öffnete das Gitter. Sie traten in einen engen, aber schönen Hof. Da rieselte ein kleiner Springbrunnen, und um die gepflasterten Wege rankten sich bunte Blumen.
Aus dem Haus dahinter drangen schrille Flötentöne und Klagegeschrei. Auf den Stufen des Vorsaals saß ein halbes Dutzend alter hässlicher Frauen mit aschebestreuten Köpfen und zerrissenen Kleidern, sie schrien und jammerten und wiegten ihre Oberkörper hin und her.
Das waren die Klageweiber, die sich – so war es Brauch – sofort einzufinden hatten, wenn jemand gestorben war. Dann stimmten sie ihre Jammerlieder an, ganz gleich, ob sie den Toten gekannt hatten oder nicht.
Als Jesus den Chor erblickte, sagte er: »Hört auf zu klagen. Das Kind ist ja nicht gestorben. Es schläft nur!«
Die Weiber verstummten verdutzt. Doch gleich darauf stimmten sie wieder ihr klagendes Geheul an

und die Älteste, Hässlichste rief: »Was sagst du? Nicht gestorben? Tot ist die Kleine, mausetot.«
Sie sprang auf die Bahre zu und wollte das Tuch wegreißen, um zu zeigen, wie tot das Mädchen war.
Doch Jesus wies sie und alle anderen hinaus. Alle neugierigen Gaffer mussten das Haus verlassen. Nur die Eltern des Kindes und Petrus, Johannes und Jakobus hieß er bleiben. Dann ließ er die Türen verschließen.
Endlich wurde es ein wenig stiller. Der Lärm verzog sich. Jesus trat an die Bahre des Kindes heran.
In einem Winkel des Raumes standen die Jünger beisammen, im anderen Winkel die Eltern.
Ein wenig Licht blinkte noch durch das vergitterte Fenster, und der letzte Strahl der untergehenden Sonne zitterte über das kleine blasse Gesicht des toten Kindes.
Jesus nahm seine Hand und sprach: »Mägdlein! Mägdlein, ich sage dir: Steh auf!«
Die Lider des Kindes begannen sich zu bewegen. Ein leiser Atemzug hob seine Brust, seine Lippen zuckten, dann schlug es die Augen auf, lächelte verwirrt und erstaunt und setzte sich schließlich auf. Seine erste Frage lautete: »Was ist geschehen?«
Die Eltern schrien vor Schreck auf, und es hätte nicht viel gefehlt, dass sie hinausgestürzt und davongelaufen wären, voll Entsetzen vor ihrem eigenen Kind, nur weil es tot gewesen und nun wieder lebendig war; aber dann kam die Freude und löschte das Entsetzen aus, und sie wankten hin an die Bahre, umschlangen des Kindes Füße, des Kindes Knie, und schließlich nahmen sie es in die Arme und bedeckten es mit Küssen. »Unser Kind, unser Leben!«, riefen sie dabei, »unser Herz, unsere Liebe!«, und schluchzten und waren außer sich.
Indessen standen die Jünger still in ihrem Winkel. Ihre Herzen schlugen heftig und ihre Hände

verflochten sich ineinander. »Er ist Gottes Sohn«, murmelte Johannes. »Er ist wahrhaftig Gottes Sohn.«
Jesus hatte die Eltern eine Weile gewähren lassen in ihrer Freude und Zärtlichkeit. Doch dann sprach er: »Nun ist's genug. Seht ihr nicht? Die Kleine ist noch schwach. Gebt ihr etwas zu essen!«
Nun dankte Jairus dem Herrn. Er war so ergriffen und verwirrt, dass es ihm nicht einmal einfiel, Jesus und seinen Jüngern ein Nachtlager unter seinem Dach anzubieten. Es war beinahe finster, als Jesus mit seinen drei Jüngern das Haus verließ.

PALÄSTINA ZUR ZEIT JESU

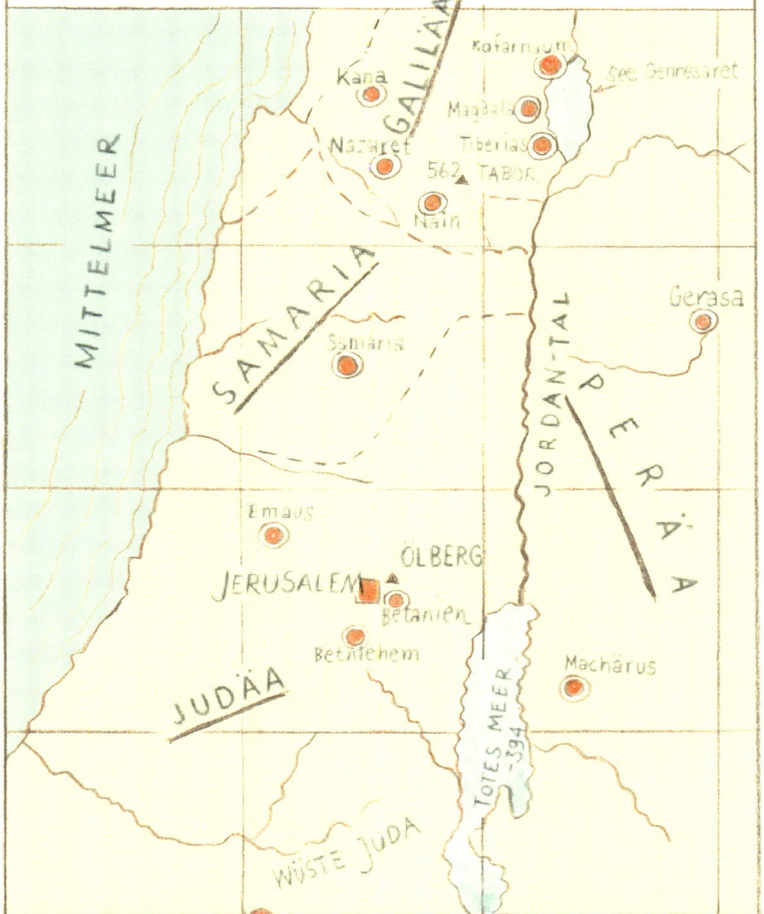

DIE STADT JERUSALEM

Alle Wundertaten, die bisher von Jesus berichtet worden sind, ereigneten sich in Galiläa und die meisten von ihnen am See Gennesaret. Jesus liebte dieses Land am meisten. Hier fand er fast alle seine Jünger, hier verkündete er die Frohe Botschaft.

Im Süden von Galiläa breitete sich das Land Judäa aus; es war nicht so freundlich und nicht so fruchtbar wie jenes. Seine Berge waren kahl, seine Äcker steinig. Doch Judäa war das Heilige Land des Volkes Israel. Dort lag die Stadt Davids, Betlehem. Dort erhob sich der Berg Zion, der zu Abrahams Zeiten Morija geheißen hatte. Auf diesen Berg Morija war Abraham gestiegen, um seinen Sohn Isaak zu opfern. Nun stand auf demselben Bergesgipfel das Haus Gottes, der Tempel, der Tempel von Jerusalem. Das jüdische Volk feierte jährlich dreimal ein großes Fest: Pessach im Frühjahr, das Fest der Früherne, Pfingsten, und das Laubhüttenfest im Herbst. Da kamen Tausende von Juden aus dem ganzen Land zusammen, und viele andere reisten sogar noch von viel weiter her. Denn schon hatte sich das Volk Gottes zu zerstreuen begonnen. Es lebten Juden in Rom, in Athen, in Spanien, in Kleinasien. Wenn sie nur irgendwie konnten, reisten sie zu den drei hohen Festen nach Jerusalem. Das bedeutete für sie eine große Wallfahrt, und sie freuten sich lange darauf. Und doch! Wenn sie in ihrer Heiligen Stadt weilten, war ihr Herz von geheimer Trauer erfüllt. In kurzer Zeit mussten sie ja wieder fort und in die Fremde gehen. Sie hofften allerdings, einmal würde alles anders werden; einmal würden die Römer verjagt, einmal würde Israel ein großes starkes Reich sein, in dem alle Kinder Abrahams Platz finden würden, einmal würde der Messias, der große starke Held, erscheinen. Auf ihn warteten sie.

Im Tempel von Jerusalem herrschten die Hohenpriester. Sie stammten aus den reichen und vornehmen Familien, doch auch ihre Wahl bedurfte der Zustimmung der Römer. Man nannte sie die Sadduzäer. Sie versuchten mit dem römischen Landpfleger, dem Statthalter des Kaisers, so gut wie möglich auszukommen. Darüber wieder ärgerte sich die andere Partei, die der Pharisäer, die mit den Römern nichts zu schaffen haben wollten. So gab es oft Streit zwischen diesen Kasten. Schließlich war da noch eine dritte Gruppe unter den Juden. Sie hießen die Ze-

JERUSALEM ZUR ZEIT JESU

loten. Sie hassten die Römer am allermeisten und wollten sie schädigen, wo immer sie konnten. Meist hausten sie in abgelegenen Gegenden und hielten sich in der Wüste verborgen. Doch wenn eine kleine Abteilung römischer Soldaten auftauchte oder wenn gar ein einzelner Römer seines Weges zog, brachen sie aus ihren Hinterhalten hervor, hieben, stachen und töteten, um dann wieder wie ein Spuk in das Gebirge zu verschwinden.
Die Römer ließen sich das nicht gefallen und verfolgten die Zeloten; wenn sie einen fingen, schleppten sie ihn nach Jerusalem und stellten ihn vor Gericht. In ihrer Burg Antonia, deren hohe Zinnen den Tempel überragten, waren schon viele dieser Wegelagerer zum Tode verurteilt worden. Zumeist wurden sie dann aus der Stadt auf den Hügel Golgata geführt und dort vor allem Volk gekreuzigt.
Nein, Jerusalem war damals keine heitere Stadt. Dennoch wusste jeder Jude, dass Gott diesen Ort erwählt hatte, um sich der Welt zu offenbaren. In welcher Weise diese Offenbarung erfolgen sollte, wusste keiner.
Nur Jesus wusste es. Doch seine Stunde war noch nicht gekommen.

AM TEICH VON BETESDA

Wieder zog Jesus zum Pessachfest nach Jerusalem, seiner Heiligen Stadt, so wie er schon einmal mit seinen Eltern als Knabe dahin gezogen war. Jetzt war er, wie fast immer, von mindestens zwölf Jüngern begleitet. Der Weg von Galiläa nach Jerusalem nahm drei oder vier Tage in Anspruch, und die Jünger waren schon recht müde, als sie sich vom Norden her der Vorstadt Betesda näherten. Sie hatten für sich und den Meister eine Herberge bestellt und freuten sich darauf, zu essen und zu ruhen. Doch Jesus bog von der Straße ab.

»Wohin gehst du, Meister?«, fragten sie ihn. »Unsere Herberge liegt in der Inneren Stadt.«
Jesus antwortete: »Ich gehe zum Teich.«
»Zum Teich der fünf Säulenhallen?«
»Ja.«
Wie der Name schon sagt, war dieser Teich kein offenes Wasser mehr. Vier Säulenhallen umgaben das Becken, eine fünfte teilte es in zwei Hälften. So bildete der Teich von Betesda ein tiefes Bassin, Stufen führten in ein dämmriges Gewölbe hinab, die Wände waren feucht und von Moder gefleckt, und von der Decke tropfte es unaufhörlich. Niemand konnte das Tropfen hören, denn der ganze Ort widerhallte Tag und Nacht von Gemurmel und Stöhnen und dem Geklapper von Krücken. Nur dann und wann wurde es totenstill, doch gleich darauf brach ein entsetzliches Geschrei aus, man hörte schrille Rufe, eilige Schritte, ein Plumpsen, ein Plätschern, als stürzte sich jemand kopfüber in die Flut. Kurze Zeit später ertönte vielstimmiges Fluchen und Klagen. Wer sich zuerst in das Becken gestürzt hatte, kam triefend nass über die Stufen herauf mit strahlender und triumphierender Miene, schwenkte seine Krücken und ging davon, unbekümmert

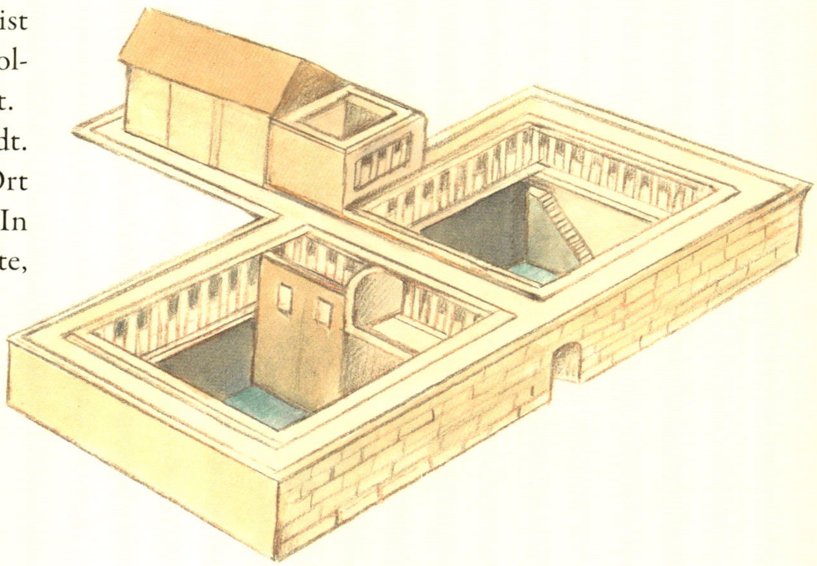

darum, dass die anderen jammernd zurückblieben. Was geschah hier?
Dieser Teich von Betesda war kein gewöhnliches Wasser; es galt als heilig oder als heilkräftig, doch nicht immer und zu jeder Zeit. Das Wasser besaß die merkwürdige Eigenschaft, dass es dann und wann in Wallung geriet. Gewiss wurde es aus unterirdischen Quellen gespeist und diese rieselten nicht gleichmäßig, sondern stoßweise. Die Stöße erfolgten manchmal täglich, manchmal nur einmal in der Woche, manchmal blieben sie auch lange Zeit aus.
Die Menschen glaubten, ein Engel bewege das Wasser, und der Erste, der sich hineinstürzte – doch eben nur dieser Erste –, könnte von jeder Krankheit geheilt werden.
Darum war das Wasserbecken immer von vielen Kranken umlagert. Sie hockten auf den Stufen, sie lagen auf den nassen Fliesen und wichen nicht. Darum das unaufhörliche Gemurmel in den Hallen, darum auch die plötzliche Totenstille, wenn das Wasser aus der Tiefe emporstieg; darum aber auch das schrille Geschrei; denn jeder der Kranken beeilte sich, als Erster in das Becken zu kommen; und darum auch

das enttäuschte und zornige Klagen jener, denen es wieder einmal nicht gelungen war.
Nun trat Jesus an diesem Ort ein.
Die Jünger folgten ihm in die steinernen Säulenhallen. Sie sahen Krüppel und Lahme auf den Stufen hocken und darauf warten, dass sich das Wasser bewege.
Doch Jesus wandte sich ab und ging in den hintersten Winkel der Säulenhalle. Dort beugte er sich nieder und rührte ein Bündel an, das leise ächzte.
Auf einem alten morschen Holzschragen lag ein Gelähmter. Er lag da schon seit Jahr und Tag, denn er konnte sich seit achtunddreißig Jahren kaum bewegen. Er war der Ärmste der Armen hier, niemand kümmerte sich um ihn. Dann und wann warf ihm jemand eine Brotrinde zu.
Jesus sprach ihn an: »Mein Sohn, was tust du hier? Wartest auch du auf Heilung?« Der Unglückliche murmelte nur etwas Undeutliches, doch Jesus hatte ihn verstanden. »Ich weiß«, sagte er voll Erbarmen, »du hast niemanden, der dich hinuntertrüge, wenn sich das Wasser bewegt. So bist du immer zu spät gekommen, und zuletzt hast du es gar nicht mehr versucht.«
Wieder murmelte der Ärmste wirre Worte. Jesus berührte ihn noch einmal und sprach: »Steh auf, nimm dein Bett und geh!«
In diesem Augenblick richtete sich hinter dem letzten Pfeiler etwas auf; es glich kaum noch einem Menschen, so elend schien es. Doch es erhob sich, stand da, tappte vorwärts und schob sich die Wand entlang. Je näher es dem Ausgang kam, desto rascher und sicherer bewegte es sich, und als es die Stufen erreicht hatte, die ins Freie führten, da war es nicht mehr ein Bündel Elend, sondern ein gesunder, beinahe kräftiger Mensch; nur das elende Bettgestell unter seinem Arm zeugte noch für den unsäglichen Jammer, den er seit achtunddreißig Jahren ausgestanden hatte. Mit einem wilden Jubelruf sprang er die Stufen hinauf und lief ins Freie.
Für einen Augenblick war es rund um den Teich von Betesda totenstill geworden. Dann brach ein Tumult

los: Der Elendste von allen Elenden war plötzlich geheilt worden und ohne dass sich das Wasser bewegte! Wer hatte dieses Wunder vollbracht? Sie sahen Jesus nicht und konnten es sich nicht erklären. Nur ein Mann, der erst kürzlich aus Galiläa eingetroffen war, überschrie das Stimmengetöse und rief: »Das war Jesus aus Nazaret!«

GOTT IST MEIN VATER

Unterdessen lief der Geheilte durch die Straßen von Jerusalem; er lief wie ein Betrunkener, halb irrsinnig vor Freude. Noch immer trug er sein Bettgestell, von dem Jesus ihm gesagt hatte: »Nimm es und geh!« Doch leider war es wieder Sabbat.

Als der Geheilte den Tempelbezirk betrat, um Gott zu danken, da er seinem Wohltäter zu danken versäumt hatte, rannte er einer Gruppe Pharisäer in die Arme. Sofort richteten sie ihre strengen Augen auf das Bett. »Was schleppst du da mit dir herum? Antworte! Weißt du denn nicht, dass es verboten ist, am Sabbat ein Bett zu tragen?«

Der arme Mann stand mit offenem Mund da, er wusste gar nicht, was die Herren von ihm wollten. Sabbat oder nicht, was hatte er nach Wochen- oder Feiertag gefragt? Er hatte ja nicht einmal mehr gewusst, ob Frühling oder Herbst war. Doch als die Pharisäer noch einmal fragten, glaubte er zu begreifen. Triumphierend hob er den klappernden Schragen in die Höhe und rief: »Seht nur her! Auf diesem Bett lag ich viele Jahre und war lahm. Doch jetzt bin ich gesund, und der Mann, der mich gesund gemacht hat, sagte zu mir: ›Nimm das und geh!‹«

»Unglaublich«, murmelte einer der Pharisäer, »hat er dich etwa heute geheilt?«

»Ja, vor einer Stunde.« – »Und wer war dieser Mann?« – »Ich habe ihn nicht gekannt.« – »Aber du musst doch seinen Namen wissen!« – »Ich weiß ihn nicht.« Und der Geheilte lief weiter.

Die Pharisäer blieben allein zurück. Auch ein Angehöriger des Hohen Rates war bei ihnen. Er hieß Nikodemus.

»Werden nicht von diesem Nazarener Jesus allerlei Wundertaten berichtet?«, fragte ein Pharisäer, ein hagerer Mann mit einem Mäusegesicht. »Er achtet den Sabbat nicht. Wie, wenn er jetzt nach Jerusalem gekommen wäre?«

»Unmöglich!«, sagte ein anderer, dicker Pharisäer, »das kann er nicht wagen.«

»Nicht wagen?«, erwiderte der Erstere. »Ich traue ihm alles zu. Er ist ein Rebell!«

»Doch er scheint große Macht zu besitzen«, warf Nikodemus ein. »Ich habe gehört, dass er sogar Tote auferwecken kann.«

»Unsinn«, knurrte der Dicke. »Das gibt es nicht.«

»Und wenn schon!«, ereiferte sich der andere. »Vielleicht wirkt er seine Wunder mit des Teufels Hilfe.«

»Man sollte ihn fangen«, rief ein Vierter, »und vor den Hohen Rat bringen. Was sagst du dazu, Nikodemus?«

Nikodemus antwortete nicht sogleich, denn er war ein vorsichtiger Mann und wollte es sich mit niemandem verderben.

»Es käme wohl darauf an«, sagte er bedächtig, »diesen Jesus zuerst einmal zur Rede zu stellen und ihn auszuforschen, was er wirklich im Sinn hat.« Und nach einigem Zögern fügte er noch hinzu: »Ich habe gehört, er spreche wie ein Gottgesandter.«

Die Pharisäer lachten höhnisch. »Ein Gottgesandter, der das Gesetz missachtet?«

Nikodemus zuckte die Achseln. Dann sagte er, um die anderen zu besänftigen: »Das alles sind müßige Reden. Wir wissen ja gar nicht, ob sich der Nazarener wirklich in Jerusalem aufhält und ob er es war, der den Gelähmten heilte.«

Doch in diesem Augenblick erschien der Geheilte. Er schleppte sein Bett noch immer mit sich. »Ich habe ihn gefunden«, rief er den Pharisäern zu, »ihn, der mich geheilt hat. Schaut, da kommt er schon!«

Die Pharisäer wandten die Köpfe und spähten nach dem Tor, wo Jesus soeben mit seinen Jüngern und viel anderem Volk erschien. Es herrschte großes Gedränge um ihn. An Jesu Seite schritt eine ältere, einfache Frau, deren braun verbranntes und runzeliges Gesicht vor Freude strahlte.

Die Pharisäer stießen einander an: »Wer ist das? Ist das nicht Dina?«

»Dina, die Bucklige?« – »Keine Rede.« – »Doch, es ist Dina!« – »Die war doch immer ganz krumm.« – »Jetzt ist die gerade.« – »Und der Buckel ist weg.« – »Ein Wunder!« – »Zwei Heilungen an einem Tag!«

Die Pharisäer waren ganz blass geworden und nun zischte einer von ihnen: »Zweimal den Sabbat geschändet!« Er raffte sein langes schwarzes Kleid zusammen und lief auf Jesus zu: »Wer hat dir erlaubt, das Gesetz zu brechen? Weißt du nicht, dass heute Sabbat ist? Wie konntest du wagen, dieses Weib zu heilen?«

Dina wich erschrocken zurück, als suchte sie hinter Jesus Schutz. »Wie ich es wagen konnte?«, wiederholte er liebevoll und heiter. »Welch eine Frage! Hat sie nicht lange genug gelitten unter ihrer gekrümmten Gestalt? Nicht wahr, Dina? Warum hätte sie auch nur einen einzigen Tag länger ihr Leid ertragen sollen? Seht, wie glücklich sie ist!« Dann umwölkte sich seine Stirn, und er blickte die Pharisäer streng an. »Doch wie ist das mit euch, ihr Heuchler? Du«, wandte er sich an den Dicken, »hast ein paar Ochsen daheim auf deinem Gehöft. Treibst du sie nicht auch am Sabbat zur Tränke? Und du«, sprach er zu einem anderen, »fiel nicht neulich dein Esel in eine Grube, und du hast ihn herausgezogen, obwohl es Sabbat war! Was euch bei unwissenden Tieren recht ist, sollte bei einem Menschen nicht billig sein? Ist Dina nicht auch eine Tochter Abrahams? Warum kennt ihr kein Erbarmen mit euresgleichen?«

»Aber das Gesetz«, stotterte der eine Pharisäer, fast erstickt vor Wut. »Das Gesetz ist dagegen.«

»Das Gesetz hat euch Mose gegeben«, erwiderte Jesus. »Und ihr bildet euch ein, es zu befolgen. Aber wenn ihr Mose recht verstündet, dann würdet ihr wissen, dass er von mir gesprochen hat.«
»Von dir?«
Jesus schwieg einen Augenblick. Dann sagte er: »Bis jetzt hat mein Vater in dieser Welt gewirkt. Von nun an wirke ich mit ihm.«
»Wer ist denn dein Vater?«, rief jemand aus dem Volk. Jesus antwortete: »Gott ist mein Vater!«
Da wichen die Menschen von ihm zurück, selbst Dina tat einen Schritt von ihm weg und duckte sich erschrocken. Nicht einmal die Jünger wagten zu atmen.
Jesus blickte von einem zum anderen und sprach: »Ja, ihr wundert euch jetzt über meine Worte. Aber ich sage euch: Ich selbst nehme mir keine Ehre, sondern gehorche nur dem, der mich gesandt hat. Der Vater kennt mich und ich kenne ihn. Der Vater liebt den Sohn und hat ihm alles übertragen. Wer an mich glaubt, hat das Leben, das ihm nicht mehr genommen werden kann, und er wird in das Himmelreich eingehen.«
Nach diesen Worten wandte er sich um und ging weg. Die Menge stand sprachlos da und staunte.

EIN NÄCHTLICHER BESUCH

Der Abend kam, die Nacht fiel ein und die Straßen Jerusalems lagen öde, finster und still. Soeben wollte der Wirt, bei dem Jesus und seine Jünger untergekommen waren, das letzte Öllämpchen löschen, als jemand an das Tor klopfte.

Das Klopfen war sehr leise, doch da es sich wiederholte, ging der Wirt hinaus und fragte, wer da sei.
Draußen stand ein Mann in einem schwarzen Kapuzenmantel, dessen Kragen hochgeschlagen war und der sein Gesicht bis unter die Augen verhüllte. Er fragte nach Jesus von Nazaret.
»Er schläft schon«, erwiderte der Wirt und wollte die Tür wieder schließen.
Doch der Fremde schob den Fuß in die Spalte. »Lass mich ein! Er erwartet mich.«
Der Wirt zögerte misstrauisch. Erst als ihm der andere eine Silbermünze in die Hand drückte, ging er, um Jesus zu holen.
Der Herr kam.
»Ich möchte mit dir allein reden«, flüsterte der Fremde und sah sich scheu um, denn die Herberge war überfüllt. Überall lagen die schlafenden Gäste, in ihre Mäntel gehüllt, auf Bänken und Stufen.

Jesus führte ihn hinter das Haus in den kleinen Garten, der sich zur Anhöhe hinanzog. In einer überdachten Laube ließen sie sich nieder. Ein Lämpchen leuchtete ihnen.
Hier konnte niemand hören, was sie redeten, und niemand konnte sie sehen. Jetzt erst streifte der Fremde die Kapuze ab und sprach: »Du weißt, wer ich bin, und du musst begreifen, Meister, dass ich in aller Heimlichkeit zu dir kam. Ein Ratsherr besitzt viele Feinde, alle seine Schritte werden überwacht und belauert. Wenn jemand erführe, dass ich dich aufsuchte, würde man mich beim Hohenpriester Kajafas verklagen und ich wäre ein verlorener Mann.«
»Das ist mir bekannt, Nikodemus«, antwortete Jesus, »du fürchtest zwar die Menschen, trotzdem suchst du die Wahrheit. Noch hast du nicht den Mut, dich zu bekennen. Eines Tages wirst du den Mut finden. Dann wirst du versuchen, mir eine Wohltat zu erweisen oder etwas, was du für eine Wohltat hältst. Dafür danke ich dir schon heute.«

Nikodemus schüttelte den Kopf. Er verstand nicht, was Jesus meinte, und wie hätte er auch ahnen können, was unter der Wohltat gemeint war, von der Jesus sprach und die darin bestand, dass er sich nach dem bitteren Kreuzestod des Herrn um dessen Leiche bemühen werde?
»Ach, Meister«, sagte er, »du hast heute im Tempel große Worte gesprochen. Du hast geredet, wie nur der von Gott gesandte Heiland reden darf. Du solltest mehr auf der Hut sein. Du hast die Pharisäer gegen dich aufgebracht und nun versuchen sie auch den Hohen Rat gegen dich einzunehmen. So bringst du dich in Gefahr.«
»Ist das alles, was du mir zu sagen hast?«, fragte Jesus.
Nikodemus senkte den Kopf.
»Nein«, erwiderte er stockend. »Ich weiß ja, dass du von Gott bist. Du wirkst Wunder, die nur von Gott kommen können ... Aber ...«
»Siehst du?«, sprach Jesus. »Warum ängstigst du dich? Die neue Zeit ist da. Du verstehst das nicht. So lass es dir erklären. Gottes Geist ist lebendig und gleicht dem Hauch, der alles erfüllt. Gottes Geist ist wie der Sturm: Weißt du, woher er weht? Nein. Oder weißt du, wohin er weht? Nein. Du hörst nur sein Brausen in den Lüften. So hörst du auch meine Botschaft, wenn du auch noch nicht weißt, was sie bedeutet. Bis jetzt habe ich nur von irdischen Dingen zu euch geredet und schon versteht ihr mich nicht. Wie werdet ihr mich erst verstehen, wenn ich von himmlischen Dingen zu euch rede?«
Jesus schwieg eine Weile. Dann sprach er weiter: »Ich bin der Menschensohn, der vom Vater herabgestiegen ist. Ich werde auch wieder zum Vater hinaufsteigen. Nein, unterbrich mich jetzt nicht, Nikodemus. Du kennst die heiligen Bücher unseres Volkes und hast auch von der ehernen Schlange gelesen, die Mose an einen Pfahl heftete, damit alles Volk sie sehen könne. Das Volk war damals in großer Not, doch alle, die die Schlange gläubig anblickten,

wurden gerettet. Genauso wie diese eherne Schlange muss auch der Menschensohn erhöht werden, dass jeder, der gläubig auf ihn hinschaut, geheilt und errettet werde. Gott hat mich, seinen Sohn, nicht in diese Welt gesandt, damit dieser Welt das Urteil gesprochen, damit sie gerichtet und verworfen werde. O nein. Vielmehr hat er mich dazu gesandt, dass ich mich für die Welt hingebe und zum Opfer bringe, denn sie soll leben und das Heil erlangen. Wer an mich glaubt, wird nicht gerichtet werden. Doch wer nicht an mich glaubt, ist schon gerichtet.«

Eine Weile blieb es still. Nichts regte sich. Nur das kleine Flämmchen zuckte in der Lampe.

Endlich sprach Nikodemus: »Verzeih mir, Herr, wenn ich nicht begreife.«

Jesus antwortete: »Ich verzeihe dir. Aber merke, was ich dir jetzt sage: Du kannst hingehen, wohin du willst, meine Worte werden dich nicht mehr verlassen. Du kannst dich vor mir verbergen, wo du magst, ich werde stets bei dir sein. Du wagst noch nicht, mich zu bekennen. Du wirst mich später bekennen lernen.«

»Ja, Herr«, sagte Nikodemus, »habe Geduld mit mir.« Jesus erhob sich und reichte ihm die Lampe. »Geh nun«, sagte er, »das Licht wird dir leuchten.«

DIE NEUEN JÜNGER

Nachdem Jesus sich in Jerusalem geoffenbart hatte, kehrte er wieder nach Galiläa zurück.

Er hatte jetzt schon viele Jünger um sich versammelt, es waren etwa siebzig. Von diesen siebzig waren zwölf auserwählt, dass sie fast ständig bei ihm weilten; darunter befanden sich Simon Petrus und dessen Bruder Andreas, der junge Johannes und dessen Bruder Jakobus. Etliche waren Fischer gewesen, andere Handwerker. Auch ein Zöllner war unter ihnen. Sein Name war Levi, doch wurde er, seit er Jesus folgte, Matthäus genannt.

Der Beruf eines Zöllners war in jener Zeit und vor allem im Land Israel ein verachtetes Gewerbe. Ein Zöllner stand in römischen Diensten; er hob für den Kaiser Steuern ein, hatte sich also zum Handlanger der fremden Heiden und Unterdrücker gemacht. So galt er unter den Juden als Verräter.

Niemand mochte einen Zöllner zum Freund. Niemand gab ihm seine Tochter zur Frau, und wenn er sich einmal in eine Synagoge wagte, musste er froh sein, wenn ihn niemand hinausdrängte und vielleicht sogar anspuckte.

Ein solcher Zöllner war jener Levi.

Er war ein nachdenklicher und eher schwerblütiger Mensch, gewissenhaft in seinem Amt, doch meistens traurig. Er saß in seinem kleinen Zollhäuschen am Stadttor und sah die Menschen ein und aus gehen. Er war froh, wenn er niemanden aufhalten und durchsuchen musste. Dann zählte er seine Münzen nach oder schrieb und rechnete auf Schiefertafeln

und Papyrusrollen. Er schrieb viel, obwohl er gern etwas anderes geschrieben hätte als Einnahmen und Abrechnungen für den römischen Steuerbeamten, dem er unterstand.
Sein Leben floss so eintönig dahin, dass davon nichts zu erzählen war. Nur manchmal dachte er: »Einmal wird einer kommen, der mich aus meinem Zollhäuschen herausholt. Einmal werde auch ich wandern und frei sein dürfen.«
So saß er wieder einmal an seinem Platz und zählte seine Münzen, die kleinen, bescheidenen Kupferlinge, die sich die Juden prägen durften, und die großen Silber- und Goldmünzen, die des Kaisers Bild trugen; und Levi wusste: Alles, was er einnahm, holte der Römer ab, und es wurde gehortet und gehäuft und schließlich in schwere Barren umgetauscht, nach Rom geschafft, damit es dort verprasst und verjubelt würde. Ein trauriges Geschäft, das er ausübte! Levi fuhr sich seufzend über die Stirn.
Plötzlich fiel ein Schatten durch das Fenster auf den Tisch vor Levi, und als er aufblickte, sah er einen fremden Mann draußen stehen. Was wollte er? Hatte er vielleicht etwas zu verzollen? Levi wollte schon fragen, da sah er die Augen des anderen auf sich gerichtet, ruhig, ernst, erwartend.
Diese Augen sollte ich kennen, dachte Levi, und schon fiel es ihm ein: Solche Augen hatte der Mann, von dem er geträumt hatte, und im Traum hatte dieser zu ihm gesprochen: »Komm, folge mir nach!«
Diese Worte waren so leise gesagt, dass Levis Ohren sie kaum vernahmen. Doch dafür hatte sie sein Herz umso besser vernommen, und er wusste sofort: Er war es, er, von dem er schon immer gedacht hatte, dass er einmal kommen und ihn holen werde. Es gab kein Fragen, kein Zögern, keine Sekunde der Überlegung. Levi stand auf und ging. Der gewissenhafte Levi ließ seine Münzen, seine Rechentafeln und Papyrusrollen liegen und folgte Jesus nach.
Die anderen Jünger wunderten sich, als der Meister mit einem Zöllner bei ihnen ankam. Doch die meisten von ihnen hatten längst verlernt, gegen irgendeine Entscheidung ihres Herrn Einspruch zu erheben. Und trotzdem zauderten sie ein wenig, den

Neuen in ihrem Kreis zu begrüßen; nur Johannes erhob sich sofort und hieß ihn willkommen.
In jenen Tagen stieß auch Judas Iskariot zu Jesus und seinen Jüngern.
Wir wissen nicht, welchen Beruf Judas ausübte, bevor er sich dem Gefolge Jesu anschloss. Später verwaltete er die Kasse der kleinen Gemeinschaft, die sich um Jesus scharte. Ein Bauer oder Fischer hätte dieses Geschäft wahrscheinlich nicht übernommen. So mager diese Kasse war – wahrscheinlich bestand sie aus einem kleinen abgewetzten Lederbeutelchen, in dem kaum ein Halbdutzend Münzen zu stecken pflegten –, so musste der Mann, der sie verwaltete, doch daran gewöhnt sein, mit Geld umzugehen. Er musste klug einzuteilen und günstig einzukaufen verstehen. Und darauf verstand sich Judas vorzüglich. Der kleine, hagere Mann mit der schiefen Nase, die ihm in seiner Jugend durch einen Faustschlag gebrochen worden war, machte sich in seiner Art unentbehrlich. Er kannte die Namen der billigsten Herbergen und machte immer denjenigen Händler ausfindig, der Brot und Wein, Fische und Salz zu niedrigsten Preisen abgab.
Wir dürfen uns Judas nicht als einen Menschen vorstellen, dessen Herz aus Stein war oder der immer und von allem Anfang nur darauf gesonnen hatte, den Herrn zu verraten. Auch ihn hatte Jesu Wort gepackt und wenigstens für kurze Zeit erleuchtet. Zuerst trieb er sich nur bei den siebzig Jüngern herum, die nicht immer bei Jesus weilten. Aber dann drängte er sich näher an den Meister. Er wollte zu den auserwählten zwölf Jüngern gehören, und Jesus duldete ihn, denn er wusste: Einer musste kommen, der ihn verraten würde.

JESUS SCHICKT SEINE JÜNGER AUS

In jener Zeit versammelte Jesus die zwölf Männer um sich, die wir die Apostel nennen. »Ich habe euch nun genug gelehrt«, sprach er zu ihnen. »Ihr

wisst jetzt, wer ich bin und was mir mein Vater aufgetragen hat. Nun zeigt, dass ihr mich verstanden habt. Ich kann nicht alles allein tun und ich werde auch nicht immer bei euch sein. Dann müsst ihr an meiner Stelle wirken. So schicke ich euch jetzt aus, damit ihr dasselbe tut, was ich tue. Ihr sollt predigen und das Reich Gottes verkündigen. Ich verleihe euch sogar die Macht, Kranke zu heilen und böse Geister auszutreiben. Diese Macht gebe ich euch, damit euch die Menschen eher glauben und als meine Boten aufnehmen. Kommt her, damit ich euch segne!«

Die Zwölf saßen im Kreis um ihn herum. Als sie diese Worte hörten, staunten sie sehr, und keiner wagte, als Erster aufzustehen und vor Jesus hinzutreten, um seinen Segen zu empfangen. Denn keiner traute sich zu, dass er wie Jesus predigen, geschweige denn Kranke heilen und böse Geister austreiben könnte. Wer waren sie denn, einer wie der andere? Arme, schwache, unwissende Menschen!

Jesus sah ihre Verzagtheit und Furcht und sprach: »Habe ich euch nicht das Gleichnis vom Senfkorn erzählt? Das Reich Gottes ist einem Senfkorn zu vergleichen. Es ist das kleinste von allen Samenkörnern und ganz unscheinbar. Doch wenn es in die Erde gesät ist und aufkeimt, wird es größer als alle anderen Gartengewächse und wird ein dicht belaubter prächtiger Busch, in dem die Vögel des Himmels nisten. So ist es auch mit euch. Ihr fühlt euch klein, unscheinbar und schwach. Aber wenn ihr in meinem Namen hinauswandert in die Welt, werdet ihr große Werke tun, und das Reich Gottes wird aus euch emporwachsen.«

Da fassten die Jünger Mut und einer nach dem anderen erhob sich, um Jesu Segen zu empfangen.

Nachdem er sie gesegnet hatte, sprach er zu ihnen: »Macht euch sogleich auf den Weg. Je zwei und zwei sollt ihr wandern. Nehmt nichts mit außer einem Wanderstab. Steckt kein Brot zu euch, nehmt keine Tasche und kein Geld mit. Bindet euch Sandalen an die Füße, aber keiner von euch ziehe einen zweiten Rock an! So sollt ihr arm und wie Bettler wandern. Auch ein Bettler hat keine Wahl, wo er anklopfen und um eine Gabe bitten will. Er muss es bei jedem Haus versuchen. So sollt auch ihr in jedes Haus gehen, die elendste Hütte soll euch nicht zu schlecht sein. Doch ihr wisst: Ihr seid keine Bettler, sondern bringt das größte Geschenk und den größten Reichtum mit, nämlich das Wort Gottes und die Frohe Botschaft.

Man wird euch aufnehmen und hören und ihr werdet viele bekehren. Wo man euch aber nicht aufnimmt, da schüttelt den Staub von euren Füßen und wandert weiter. Und nun geht!«
So machten sie sich auf den Weg: Petrus mit Andreas, Johannes mit Jakobus; auch Judas Iskariot ging mit einem Gefährten. Die einen wanderten westwärts gegen Kanaan, die anderen nordwärts gegen das Hermongebirge. Das Ziel der Dritten waren die zehn Städte östlich des Sees. Jesus blieb allein zurück und betete für sie.

NOCH EINE WEILE

Indessen saß Herodes Antipas in seinem Palast in Tiberias und führte seine Regierungsgeschäfte. Er trug das königliche Diadem und kleidete sich in Purpur. Aber in Wirklichkeit hatte er in seinem Land nicht viel zu sagen. Er war Fürst nur von der Römer Gnaden. So war es seine größte Sorge, dass er beim Kaiser der Römer vielleicht verleumdet werden und damit am Ende seinen Thron verlieren könnte. Daher verlegte er sich selbst aufs Verleumden und Ränkespinnen. So oft er konnte, reiste er nach Italien, um dem neuen Kaiser Tiberius zu schmeicheln und sich dessen Gnade zu versichern.

Wieder einmal war Herodes von dort zurückgekehrt. Herodias wartete auf ihn, die noch immer bei ihm lebte. Seit sie das Haupt des Propheten Johannes von ihm verlangt und auch bekommen hatte, mochte er sie nicht mehr leiden, sie kam ihm wie ein blutdürstiges Tier vor.
Diesmal fand Herodes seinen Hofstaat in ziemlicher Aufregung vor. Zuerst wollte ihm niemand sagen, was geschehen war. Doch er merkte sofort, dass die Leute ihn scheu und betreten ansahen. Er wollte den Grund wissen.
Langsam rückten sie mit der Sprache heraus: Ein Prophet und Wundertäter sei aufgetreten, er heile die Kranken, erwecke die Toten, das Volk laufe ihm in Scharen zu.
Herodes runzelte die Brauen.
Seit er Johannes den Täufer hatte enthaupten lassen, fürchtete er einen geheimen Fluch. Allein das Wort »Prophet« jagte ihm großen Schrecken ein, denn jener Johannes war ja auch ein Prophet gewesen.

Herodes war abergläubisch wie alle Bösewichte, und eine entsetzliche Befürchtung stieg in ihm auf.
So hielt er Umfrage in seiner Umgebung: »Wer ist dieser Jesus?« Die Antworten waren sehr unterschiedlich. Die einen sagten: »Er ist ein Prophet wie alle Propheten.« Andere meinten: »Nein, er ist mehr! Er ist Elija!« Und die Dritten?
Die wagten keine Antwort zu geben. Sie standen verwirrt und mit niedergeschlagenen Augen vor dem Fürsten und redeten unverständliches Zeug. Doch je mehr sie stotterten, desto finsterer wurde sein Gesicht, und schließlich schrie er: »Hinaus mit euch! Hinaus mit euch allen!«, und die Höflinge rannten, so schnell sie konnten, davon.
Herodes Antipas blieb mit Herodias allein. Sie kramte in ihrer Schmuckschatulle. Er schoss einen wütenden Blick nach ihr und rief: »Du hast es gehört! Sie wagten nicht, es mir zu sagen, aber ihr Stottern war verräterisch genug. Ja, er ist es, dieser Jesus ist der Prophet Johannes.«

»Johannes?«
»Den du ermordet hast. Er ist auferstanden.«
Herodias ließ vor Schrecken alle ihre Ketten und Ringe fallen. Dann aber warf sie ihren rot gelockten Kopf in den Nacken und rief: »Bist du wahnsinnig?«

»Nein«, sagte Herodes. »Aber vielleicht werde ich es noch. Jede Nacht träume ich von ihm. Er kommt aus seinem Kerker hervor und trägt sein eigenes Haupt auf der Schüssel. Aber nicht ich habe seinen Tod gewollt, sondern du! Und über dich komme auch seine Rache!«
Herodias erblasste und rief: »Hilf mir! Schütze mich vor ihm!« Denn auch in ihr regten sich das böse Gewissen und die Angst vor der Strafe Gottes.
Nun beratschlagten die beiden wie zwei Spießgesellen, wie sie dieser Strafe entgehen, wie sie sich Jesus oder des vermeintlichen Johannes bemächtigen könnten. Ein böses Gewissen ist ja der schlimmste Ratgeber. Meist rät es dazu, die Strafe für eine Untat durch noch größere Untaten abzuwenden, und so beschlossen sie, Jesus fürs Erste in ihren Palast zu locken, das Weitere würde sich finden.
Zwei gut gewillte Pharisäer hörten von diesem Plan und erboten sich, Jesus die Einladung des Herodes zu überbringen. Sie erhielten den Auftrag, suchten Jesus und fanden ihn auch.
»Höre, Meister«, sagten sie, »wir sollen dich zu Herodes bringen. Aber wir raten dir: Geh nicht hin! Er führt nichts Gutes im Schilde.«
Jesus antwortete ihnen: »Macht euch keine Sorgen um meinetwillen. Sagt Herodes, der euch zu mir geschickt hat: Eines Tages werde ich vor seinem Thron stehen. Doch die Stunde ist noch nicht gekommen. Ich werde noch eine Weile wandern, dahin und dorthin; noch eine Weile werde ich Gottes Wort verkünden, Kranke heilen und böse Geister austreiben, und niemand kann mir etwas antun, ehe ich nicht selbst will. Überdies steht in den Propheten geschrieben: Der Heilige Gottes kann nur in Jerusalem umkommen.«
Die Pharisäer wunderten sich über diese geheimnisvollen Worte und zogen davon.
Petrus hatte diese Worte gehört, und sie taten ihm weh. Warum sprach Jesus davon, dass er nur noch eine Weile wandern

werde? Und warum hatte er gesagt: Der Heilige Gottes kann nur in Jerusalem umkommen? Sollte das etwa heißen, dass Jesus eines frühen Todes sterben würde?
Er zupfte den Herrn am Ärmel und bat ihn um eine kurze Unterredung unter vier Augen. »Meister«, sagte er dann, »warum sprichst du so, als wolltest du uns bald verlassen? Das soll nie und nimmer geschehen. Keiner von uns wird dulden, dass dir ein Haar gekrümmt wird. Was fingen wir auch an ohne dich, wie elend und wie verlassen wären wir.«
Jesus erwiderte: »Geh weg von mir, Simon! Du bist ein Widersacher! Deine Gedanken sind nicht Gottes Gedanken.«

DIE BROTVERMEHRUNG

Etliche Wochen waren seit dem Tag verstrichen, an dem der Herr seine Jünger ausgeschickt hatte. Allmählich kehrten sie zurück, zu zweien, wie sie auch ausgezogen waren. Die lange Wanderschaft hatte sie ermüdet, ihre Gesichter waren hager, ihre Kleider von der Sonne verblichen, ihre Schuhe zerrissen. Doch aus ihren Augen leuchtete eine unbändige Freude.
Alles war eingetroffen, wie es ihnen Jesus vorausgesagt hatte: Sie hatten gepredigt, sie, die einfachen Fischer und Handwerker, die nie zuvor in einer Versammlung geredet hatten, sie hatten öffentlich gesprochen und man hatte ihnen mit Aufmerksamkeit gelauscht. In Scharen waren die Zuhörer gekommen und wollten immer noch mehr hören. Nicht genug damit: Die Jünger hatten auch Kranke geheilt, sie, die noch vor ganz kurzer Zeit sich nicht zu helfen gewusst hatten, wenn eins ihrer Kinder erkrankt war. Sie hatten nur die Hände ausstrecken und einen Krüppel oder Lahmen berühren müssen – und schon stand er auf und war gesund. Aus Besessenen waren die bösen Geister gewichen und viele Menschen hatten die Frohe Botschaft angenommen.
Wie glücklich fühlten sich diese zwölf! Sie waren nicht mehr einfache Jünger des Herrn, sondern sie durften sich von jetzt an Apostel nennen, das heißt Gesandte mit großer Vollmacht, und sie glaubten in ihrer Freude, dass sie sich ihres Meisters würdig erwiesen hätten.
Am liebsten wären sie sogleich wieder losgezogen. Doch Jesus sagte zu ihnen: »Es ist genug. Ruht euch ein wenig aus. Wir wollen uns für einige Tage an einen einsamen Platz zurückziehen.«
So verließen sie die sommerheißen Gestade des Sees Gennesaret und wanderten in das Hügelland hinauf. Hier gelangten sie an einen abgelegenen Ort, eine steinige, kahle Hochfläche, über die nur dann und wann ein paar Hirten ihre Herden trieben.
Doch kaum hatten die Jünger sich zur Rast niedergelassen, merkten sie, dass sie nicht einsam blieben.

Jemand musste beobachtet haben, dass sich Jesus in diese Gegend zurückzog, und schon kamen die Leute aus allen Himmelsrichtungen herbei; hier tauchte eine Gruppe auf, dort eine andere. Der weite Talkessel belebte sich, und schließlich hatten sich fünftausend Menschen um Jesus versammelt.
»Sprich zu uns«, baten sie. »Wir haben gehört, dass du die Frohe Botschaft verkündest, Meister. Lass sie auch uns hören.«
Jesus sprach zu ihnen: »Hier ist Hirtenland, und unter euch sind viele Hirten. So werdet ihr mich verstehen, wenn ich sage: Auch ich habe eine Herde, und meine Herde ist groß. Ich bin der gute Hirte und kenne meine Schafe und meine Schafe kennen mich. Wenn eines verlorengeht, dann suche ich es so lange, bis ich es gefunden habe, ich lege es auf meine Schulter und kehre mit ihm zurück. Und ich sage euch: Meine Freude ist größer an dem einen, das verlorenging und nun wieder bei mir ist, als an den neunundneunzig anderen, die in der Herde geblieben sind. Ein schlechter Hirte flieht, wenn der Wolf kommt und die Herde umschleicht. Aber ein guter Hirte gibt sein Leben für seine Herde. Auch ich will mein Leben für meine Herde geben.«
So sprach Jesus zu den Tausenden, und gegen Abend wollte er sie entlassen, dass sie in ihre Dörfer und Gehöfte zurückkehren könnten. Doch niemand rührte sich vom Platz.
Am anderen Tag sprach er wieder zu ihnen, und sie fragten dies und das und wollten immer mehr hören. Auch am zweiten Abend gingen sie nicht fort.
Nun kam der dritte Tag, und die Leute waren noch immer da. Die Nacht über hatten sie auf dem bloßen Boden gelegen, bis der Morgentau ihre Kleider befeuchtete. Fröstelnd standen sie auf und suchten etwas zum Essen. Aber ihr Mundvorrat war schon längst verzehrt. Dennoch dachten sie nicht ans Fortgehen.
»Sprich noch einmal zu uns, Meister!«

Doch als auch dieser dritte Tag zur Neige ging, rief Jesus seine Jünger herbei und sagte: »Mich erbarmt das Volk. So lange harren sie schon bei mir aus und haben nichts zu essen. Wenn ich sie jetzt nach Hause schicke, werden sie auf dem Weg vor Schwäche liegen bleiben, denn viele von ihnen sind von weit her gekommen.«

»Da ist guter Rat wirklich teuer«, meinten die Jünger. »Woher soll man in dieser wüsten Gegend Brot bekommen um die Leute zu sättigen?«

Dann wandte Jesus sich an alle seine Jünger und fragte: »Wie viel Brot habt ihr noch?« Einer antwortete: »Sieben Brote – und hier sind noch ein paar gesalzene Fische.«

Jesus befahl: »Legt alles in einen Korb und bringt es mir.«

Die Jünger wunderten sich über diesen Befehl, doch sie brachten den Korb mit den sieben kleinen flachen Gerstenbroten und den Fischen. Jesus brach das Brot, segnete Brot und Fisch und sagte: »Nun teilt aus!«

Die Jünger zögerten. Was war da auszuteilen? Von dem Vorhandenen konnte nicht einmal eine Familie satt werden.

Nur Johannes war mutig genug, den Korb zu ergreifen und ihn den nächsten Leuten anzubieten. Diese griffen hinein, nahmen ein Stück Brot und ein Häppchen Fisch und so die Nächsten und wieder die Nächsten. Doch vom Brot wurde nicht weniger und auch nicht vom Fisch. Immer wieder war dieselbe Menge in dem Korb.

Johannes war schon eine lange Reihe abgeschritten, jetzt kam die zweite dran. Die Leute begannen sich zu wundern. Auch die anderen Jünger ergriffen Körbe und reichten diese dar. Immer hastiger griffen die Menschen nach der wunderbaren Speise. Nun hatten schon hundert genommen, nun zweihundert, fünfhundert, tausend ... Es war unglaublich! Die hinten Lagernden kamen herangelaufen, um zu sehen, ob der Vorrat wirklich noch reichte. Immer rascher griffen sie in den Korb, nicht nur aus Hunger, sondern auch aus Neugier, Freude und Entzücken, manche nahmen zwei- und dreimal, der Korb wurde immer noch nicht leer. Die Menschen aßen und sättigten sich, und manche begannen schon, etliche Brotstücklein zu verstreuen. Andere behielten ein Stück in der Hand und betrachteten immer wieder dieses wunderbar vermehrte Brot, und sie drückten es ans Herz und manche küssten es sogar.

Nun hatten alle fünftausend Menschen gegessen, und es war wie ein großes Fest. Die Menschen begannen zu singen und Jesus zu preisen. Sie umringten ihn und hätten ihn am liebsten auf ihre Schultern gehoben und zu ihrem König ausgerufen.

Doch Jesus entzog sich ihnen und entfernte sich. Als er wieder zurückkehrte, hatte sich die Menge endlich doch zerstreut. Die Jünger hatten unterdessen das weite Feld abgesucht und noch sieben Körbe voll von dem Brot gesammelt, das übriggeblieben war.

JESUS WANDELT AUF DEM SEE

Nach diesem großen, herrlichen Wunder kehrten Jesus und seine Jünger wieder an den See Gennesaret zurück. Auch hier wartete das Volk auf den Herrn, es umdrängte ihn und wollte ihn nicht mehr fortlassen.

Jesus befahl einigen seiner Jünger: »Geht hinab an das Ufer und wartet auf mich! Ich will erst das Volk hier entlassen, dann fahre ich mit euch über den See nach Kafarnaum.« Die Jünger gehorchten. Sie bestiegen das Boot, das sie in einer stillen Bucht zurückgelassen hatten, und warteten.

Aber der Herr kam nicht.

Es vergingen etliche Stunden und fast der ganze Tag. Die Jünger warteten noch immer. Nun dachten sie, vielleicht sei Jesus zu Fuß nach Kafarnaum gegangen oder er habe sich ein Reittier ausgeliehen. Nun wurde es schon dämmrig. Es war ein trüber Abend, und über die Fläche des Sees eilten die weißen Kronen der Wellen. Die Jünger wollten nun nicht mehr warten und legten ab. Petrus steuerte, die anderen ruderten. Sie beeilten sich, denn sie waren unruhig. Noch nie hatte der Meister sie warten lassen. Sollte ihm etwas zugestoßen sein? Keiner sprach ein Wort.

Auf einmal rief Johannes: »Seht doch!«

Sie blickten in die Richtung, in die er wies. Sie sahen nichts. Doch Johannes rief noch einmal: »Seht doch, dort!«

Nun sahen sie es auch. Etwas Helles kam vom Ufer über das Wasser heran. Ein Segelschiff war es nicht, auch kein anderes Boot. Es schien, als wehte ein von innen erhellter Schleier über den See und der Schleier bedeckte die Gestalt eines Menschen.

Die Männer hielten im Rudern inne, und Petrus ließ das Steuer los. Sie starrten auf die Erscheinung, die immer näher kam. Ihr Umriss wurde deutlicher. Da schrie einer der Männer: »Der Herr!«

Jetzt konnte kein Zweifel mehr sein. Jesus wandelte über das Wasser, und das Wasser trug ihn, ohne dass er versank. Petrus, der bedächtige Fischer, sprang auf, sein Gesicht veränderte sich, seine Augen traten hervor, seine Pulse flogen. »Ich komme zu dir«, rief er, »ich komme zu dir!« Und ehe die Jünger begriffen, was geschah, war er mit einem Schritt aus dem Boot und ging Jesus entgegen. Auch er, Petrus, ging auf dem Wasser, und das Wasser trug ihn, als wäre es fester Boden. Petrus wusste selbst nicht, wie ihm geschah, aber solange er den Blick auf Jesus gerichtet hielt und solange er glaubte, ihn in zwei, drei Schritten zu erreichen, solange er nichts empfand als die

Nähe des Herrn und das unsagbare Verlangen, ihm zu Füßen zu fallen, solange geschah das Wunder: Auch Petrus wandelte auf dem See.

Plötzlich fiel Petrus ein, was er immer gewusst und tausendmal beredet hatte, dass gerade hier der See Gennesaret am tiefsten war. Tausend Ellen reichten nicht, hatte ihm einmal ein anderer Fischer gesagt, und zutiefst am Grund, zwischen Schlamm und Klippen, liege ein gescheitertes Schiff. Da graute es Petrus, denn schwimmen konnte er nicht, und für

eine Sekunde wandte er die Augen von Jesus ab – und sank.
Voll Entsetzen fühlte er seine Knöchel umspült, dann seine Knie. Schon hatte die Flut seine Hüften erreicht, und beim nächsten Atemzug musste er untergehen. Doch in dieser Sekunde, nein, im Bruchteil einer Sekunde empfand er einen unsagbar tiefen Schmerz, der noch etwas anderes war als Angst und Todesnot, nämlich den Schmerz, den Meister nicht zu erreichen und vor seinen Augen verloren zu gehen.

Da fühlte er sich an der Hand gefasst und aus der Flut gezogen. Jesus stand neben ihm und hielt ihn fest. »Du Kleingläubiger«, sprach er, »warum hast du gezweifelt?«, und führte ihn zum Boot zurück.

DIE VERKLÄRUNG

Kurze Zeit danach wanderte Jesus mit seinen drei Getreuen, Petrus, Jakobus und Johannes, auf den Berg der Verklärung. Das könnte der Berg Tabor gewesen sein; der ist ein hoher, stumpfer Kegel, von dessen Gipfel man weit über das Land Galiläa hinausblickt. Jesus hatte seinen Jüngern gesagt, dass er nun bald von dieser Landschaft Abschied nehmen und nach Judäa hinaufziehen wolle; sein bevorstehendes Leiden hat er vorausgesagt – und so dachten sie: Darum ist er auf diesen Berg gestiegen, um sich hier noch einmal umzusehen. Doch an diesem Tag war der Himmel bedeckt, und ein Kranz von Wolken lag rings um den Gipfel des Berges.
Als sie beinahe droben angekommen waren, setzten sich die Jünger nieder, um ein wenig zu rasten. Vielleicht wollten sie auch den Meister nicht stören, der, wie sie wussten, manchmal gern allein blieb. So ging ihnen Jesus zum Gipfel voraus und sie nickten ein. Nach einer Weile erwachten sie.
Da erschraken sie über das, was sie sahen.
Zwei fremde Männer standen bei Jesus. Der eine, eine mächtige, in ein rauchblaues Gewand gehüllte Gestalt, hielt zwei steinerne Tafeln in den Händen. Er schien sehr alt, doch sein Angesicht glänzte wie blankes Erz.
Der andere war ein wenig kleiner, er trug einen zottigen Mantel und einen ledernen Gürtel um die Hüften, und der Mantel war schwarz gefleckt, wie von Flammen versengt. Hinter ihm, doch schon ein wenig abseits, wartete ein Wagen, vor den vier Pferde gespannt waren, und Pferde und Wagen waren von rötlichem Feuerschein umflossen. Jesus stand zwischen den beiden, der Mann mit den Tafeln war zu seiner Rechten, der Mann mit dem Wagen zu seiner Linken. Jesu Angesicht leuchtete wie die Sonne, und sein Gewand schimmerte wie frisch gefallener Schnee.
Sprachlos bestaunten die Jünger die seltsame Erscheinung. Endlich flüsterte Petrus: »Der mit den

Tafeln muss Mose sein.« Und Jakobus: »Der mit dem Wagen Elija! Sie reden mit dem Herrn.«
Ja, die Gottesboten redeten mit Jesus; Mose, der das Gesetz empfangen und gegeben hatte, und Elija, der das Feuer vom Himmel gerufen hatte und in einem feurigen Wagen von dieser Erde fortgenommen worden war. Sie hatten Gottes Wort und Botschaft in alter Zeit bezeugt. Jetzt waren sie wiedergekommen, um mit Jesus zu reden. Und worüber redeten sie? Sie redeten von geheimnisvollen Dingen, von dem Alten Bund, der nun erfüllt, und von einem Neuen Bund, der nun geschlossen sei und besiegelt werden müsse durch den Tod des Menschensohnes in Jerusalem.
Je länger sie redeten, umso näher kamen sie dem Herrn und umso lichter wurden ihre Gestalten.

Was ging hier vor? In Petrus stieg eine große Angst auf. Wozu waren Mose und Elija gekommen? Wollten sie etwa den Meister mit sich nehmen? Wozu stand der feurige Wagen bereit? War das etwa die Stunde des Abschieds, von der Jesus schon dann und wann gesprochen hatte?
»O Herr, bleibe bei uns!«, bat Petrus und hob die Hände flehend auf. »Geh nicht mit ihnen von uns fort! Siehe! Hier ist gut bleiben. Wenn du willst, so bauen wir dir auf dem Gipfel des Berges ein Haus, dir eins und Elija eins und für Mose eins. Da könnt ihr wohnen.«
Seine Stimme brach, aus seinen Augen stürzten Tränen. Doch ehe er weiterreden konnte, senkte sich eine lichte Wolke herab und floss um Jesu Gestalt,

als wollte sie diese verhüllen. Eine mächtige Stimme sprach aus der Höhe: »Dieser ist mein geliebter Sohn. An ihm habe ich mein Wohlgefallen.«
Petrus fiel auf die Knie, und auch die beiden anderen, Johannes und Jakobus, verbargen ihre Gesichter.
So lagen sie eine Weile, sie wussten nicht wie lange, da.
Als sie endlich wieder aufzublicken wagten, stand Jesus zwischen ihnen. Sein Antlitz leuchtete nicht mehr, sein Gewand hatte die gewöhnliche Farbe und er war wieder allein.
»Steht auf«, sagte er, »warum fürchtet ihr euch? Ich verlasse euch nicht, ehe das Werk vollbracht ist.«
Auf dem Heimweg gebot er ihnen von dem zu schweigen, was sie gesehen hatten, und sie versprachen es ihm.

SEID GUT ZU DEN KLEINEN

Ihr wisst, dass Johannes und Jakobus Brüder waren. Ihr Vater Zebedäus war jüngst gestorben, aber ihre Mutter lebte noch. Sie war nicht sehr erfreut gewesen, als sich ihre beiden Söhne Jesus als Jünger anschlossen. Denn nun war sie die meiste Zeit allein in ihrem Häuschen. Aber als sie hörte, welche Wunder der Meister vollbrachte und dass er sogar imstande war, etliche tausend Menschen mit einigen Broten und Fischen zu speisen, da änderte sie ihre Meinung. Ein Mann, der das vermochte, war mächtiger als ein König, sogar mächtiger als der Kaiser in Rom. Und es konnte gar nicht ausbleiben, so dachte die gute einfältige Frau weiter, dass er eines Tages den Thron besteigen und ein großes Reich aufrichten werde. Sogleich stellte sie sich das alles lebhaft vor: Jesus als gekrönter Fürst in einem prächtigen Palast und ihre Söhne zu beiden Seiten seines Thrones, in purpurnen Gewändern oder in schimmernden Rüstungen. Ja, so müsste es geschehen! Johannes sollte Jesu Statthalter und Jakobus Jesu Kanzler werden – und sie selbst? Ach, auf sie kam es ja nicht an, aber sie kannte ihre beiden Söhne gut genug, um zu wissen: Sie würden ihre Mutter nicht vergessen und sie teilnehmen lassen an ihrem Glück.
Nun hörte sie, dass Jesus nach Judäa ziehen wollte und die beiden mit ihm; in ihrer Mutterliebe wusste sie nichts Besseres, als zum Meister zu laufen. Sie wollte ihm, ehe er fortging, ein Versprechen abnehmen.
Als sie bei Jesus ankam, verbeugte sie sich tief und sagte: »Herr, ich habe eine Bitte an dich. Versprich mir, dass du, wenn du dein Reich geschaffen und dir die Krone aufs Haupt gesetzt hast, meinen beiden Söhnen die höchsten Ehrenstellen gibst. Sie sollen

zu deiner Rechten und zu deiner Linken sitzen, wie sie es um dich verdient haben.«
Als Jesus diese Worte hörte, verbarg er ein Lächeln und winkte Johannes und Jakobus zu sich. »Habt ihr gehört«, fragte er, »um was eure Mutter bittet?«
Die Söhne erröteten, denn sie schämten sich ein wenig für die übergroße Sorge ihrer Mutter. Sie hätten nie gewagt, ein solches Ansinnen zu stellen, obwohl auch sie schon manchmal, wenn auch nur flüchtig, an Ähnliches gedacht hatten.
Nun blickte Jesus sie ernst an und sagte: »Eure Mutter weiß nicht, worum sie bittet. Aber auch ihr wisst nicht, worauf ihr hofft. Könnt ihr den Kelch trinken, den ich trinken werde?«
Johannes und Jakobus schlugen die Augen nieder. Sie begriffen nicht ganz, was Jesus meinte. Er meinte den Kelch des Leidens und ob sie auch bereit seien, für ihn, den Meister, zu leiden.
»Ja«, sagte Johannes mit fester Stimme, »wenn es sein muss, ich kann es.«
Und auch Jakobus beteuerte: »Ich kann es.«
Jesus nickte. Dann sprach er: »Ich bin nicht gekommen, um ein Reich aufzurichten, das den Reichen dieser Welt gleicht. Ich werde keine Ehrenstellen auf dieser Erde zu vergeben haben. Die höchste Ehre, die ihr erwerben könnt, ist die, für Gottes Wort zu leiden und dafür in den Himmel einzugehen. Doch ob ihr dort zu meiner Rechten oder meiner Linken sitzen werdet, ihr Zebedäussöhne, das habe nicht ich zu entscheiden, sondern der, der mich gesandt hat.«
Nun wandte er sich an die Frau und sagte: »Geh nach Hause und sei getrost. Deine Söhne haben den rechten Weg eingeschlagen.«
Die Frau dankte und kehrte nach Hause zurück. Obwohl sie das Versprechen nicht erhalten hatte, dessentwegen sie zu Jesus gekommen war, fühlte sie sich beruhigt und zufrieden.
Doch die anderen Jünger murrten. Sie hatten gehört, was die Witwe des Zebedäus gewollt hatte, und sie vermuteten, dass Johannes und Jakobus ähnlich dachten wie ihre Mutter. Gehörten die beiden nicht schon längst zu den Lieblingsjüngern des Meisters? Wollten sie sich noch weiter über die anderen erheben?
Jesus erkannte ihre Gedanken, er las sie von ihren Gesichtern ab.
Er sprach zu ihnen: »Kinder, ihr werdet doch nicht sein wie die Herrscher dieser Welt, die nichts im Sinne haben, als ihre Völker zu unterjochen? Hütet euch vor Eifersucht und Stolz! Wer der Größte unter euch sein will, soll den anderen dienen. Auch ich bin nicht gekommen, unter euch zu herrschen, und ihr seid nicht meine Knechte, sondern meine Freunde.«
Diese Worte rührten die Jünger, und eine Weile schwiegen sie still. Dann trat einer hin, zupfte Jesus am Ärmel und fragte leise: »Wenn es schon auf Er-

den so sein soll, dass wir einander dienen und dass sich keiner über den anderen erheben darf, wie wird es aber dann im Himmelreich sein? Wer ist dort der Größte?«
Jesus blieb stehen und schaute sich um. Da sah er ein Kind am Straßenrand spielen. Es baute ein Häuschen aus Steinen und legte andere kleinere Kieselsteine rundherum. Diese nannte es seine Pferde, Schafe und Ziegen und war sehr zufrieden mit seinem Werk.
Jesus nahm es an der Hand und führte es zu seinen Jüngern und stellte es mitten zwischen sie. Dann sprach er: »Wahrlich, ich sage euch: Derjenige, der so ist wie dieses Kind, wird der Größte unter euch sein. Es spielt im Staub der Straße und dünkt sich dabei reich. Wenn es fröhlich ist, lacht es; wenn es traurig ist, weint es. Es freut sich an einer Blume und fragt nicht nach Gewinn und Ehren. Wer ein solches Kind aufnimmt, nimmt mich auf. Und wer einem solchen Kind Böses tut und es Böses lehrt, dem wäre es besser, wenn ihm ein Mühlstein um den Hals gehängt und wenn er in der Tiefe des Meeres versenkt werden würde. Seid allezeit gut zu den Kleinen und hütet euch, eins von ihnen zu verachten! Denn ich sage euch, jedes hat einen Engel bei sich, der es bewacht, und diese Engel schauen das Angesicht meines Vaters im Himmel.«

WER VON EUCH OHNE SÜNDE IST

Eines der größten Feste, die das Volk Israel jährlich feiert, ist das Laubhüttenfest im Herbst. Die Juden mussten für acht Tage aus ihren Häusern ausziehen und in Zelten oder kleinen Hütten wohnen, die sie aus belaubten Zweigen flochten. Wie zu den Festen im Frühjahr kamen auch jetzt viele Pilger nach Jerusalem. Rings um die Stadt war eine zweite Stadt aus luftigen grünen Zelten erbaut worden: ein schöner und seltsamer Anblick.

Selbst der römische Landpfleger Pontius Pilatus erfreute sich an ihm, wenn er vom Söller seiner Burg Antonia auf Jerusalem hinabblickte.
Sonst mochte er weder die Stadt noch das Volk leiden, das zu beherrschen er bestellt war; immer fürchtete er Aufruhr und Rebellion, und jeder Volksauflauf brachte ihm Ärger.
Auch diesmal ergötzte er sich nicht lange an dem Ausblick auf die heitere Zeltstadt vor den Toren. Was geschah vor dem Tempelhof, knapp unter der Burg Antonia? Eine wimmelnde Menschentraube kreiste umher und sammelte sich um einen Punkt. Pilatus runzelte seine Brauen und winkte seinem Schreiber. »Frage nach, was sich da wieder begibt.« Kurz darauf kam der Schreiber zurück.

»Sei unbesorgt, Herr. Eine Sache ohne Bedeutung. Die Pharisäer haben eine Ehebrecherin ausfindig gemacht und wollen sie durch das Volk steinigen lassen. Die Juden hatten ja dieses Gesetz, dass jede Ehebrecherin sterben soll. Zweifellos wird die Sache in Kürze erledigt sein, und dann wird sich das Volk wieder zerstreuen.«
Pilatus zuckte die Achseln und wandte sich ab. Ihn ekelte diese Art willkürlicher Gerichte, doch was gingen ihn die Sitten dieses Volkes an? Eine Weile später sah er wieder aus dem Fenster! Doch zu seiner Überraschung hatte sich der Volksauflauf aufgelöst, ohne dass eine Steinigung erfolgt war. Nur ein Mann und eine Frau waren noch zurückgeblieben. Sie kauerte zu seinen Füßen und weinte. Nun hob der Mann die Hand und forderte sie auf, gleichfalls wegzugehen. Sie versuchte zu gehorchen, aber noch schwankte und taumelte sie. Schließlich raffte sie sich auf und lief davon. Nun wandte sich auch der Mann zum Gehen, dabei hob er den Kopf und blickte zur Burg Antonia empor. Pilatus glaubte seine Augen auf sich zu fühlen, das währte nur ein paar Sekunden. Doch den Römer überlief es seltsam: Ihm war, als habe ein Gott ihn angeblickt.
Der Mann war Jesus.
Was war da unten im Hof geschehen?
Die Pharisäer hatten eine junge leichtfertige Frau in der Zeltstadt ertappt. Sie war ihrem Mann und ihrem Kind mit einem Soldaten des Herodes davongelaufen. Dafür sollte sie sterben. Dieses grausame Urteil schien den Pharisäern noch nicht genug. Im Grunde war es ihnen ziemlich gleichgültig, was mit der Frau geschah. Aber seit sie wussten, dass Jesus wieder in der Stadt weilte, suchten sie ihm eine Falle zu stellen. Die Nachricht, dass der Wundertäter von Galiläa von neuem gewagt hatte, nach Jerusalem zu kommen, brachte sie ganz außer sich. Nun wollten sie hören, wie sich Jesus über diese Ehebrecherin äußern würde. Er redete ja immer von Liebe und Verzeihung und dass der Sünder gerettet werden solle. Wenn er aber jetzt sagte: Diese ist des Todes schuldig, dann strafte er sich selbst Lügen, und das Volk, das hinter ihm herlief, würde ihm nicht mehr glauben. Sagte er aber: Lasst sie frei, sie soll nicht sterben, dann versündigte er sich gegen das Gesetz. Und dann – schon zitterten die Pharisäer in böser Vorfreude, konnten sie ihn gefangen nehmen, vor den Hohen Rat stellen und ihn verklagen.
Ja, ihn zu fangen und zu verklagen, darauf hatten die Unglückseligen es abgesehen. Sie fürchteten Jesus, weil er von Gottes Liebe und Vatergüte sprach, während sie nur mit Gottes rächender Strafe drohen konnten. Sie hassten ihn, weil er nur Gutes tat, während es in ihrem eigenen Inneren nur so von Gift und Galle sprühte.

So schleppten sie die unglückliche Frau vor Jesus und legten ihm die Frage vor: »Meister, was sagst du zu dieser Ehebrecherin? Soll sie gesteinigt werden?«
Jesus warf einen Blick auf die Frau. Dann wandte er sich ab, bückte sich und begann mit seinem Finger in den Staub zu schreiben. Die Frau schluchzte und bat um Erbarmen. Aber die Pharisäer drangen wieder auf Jesus ein: »So rede doch! Bist du nicht der neue Lehrer in Israel? Über alles willst du Bescheid wissen! Also sprich!«
Unterdessen hatte sich eine große Menge angesammelt, und die meisten waren bereit, die Frau zu töten. Schon hielten viele von ihnen Steine in ihren Händen und warteten nur auf einen Wink, um sie zu schleudern.
Da sprach Jesus, ohne aufzublicken und immer noch im Staub schreibend: »Wer von euch ohne Sünde ist, der werfe den ersten Stein.«
Die Pharisäer erschraken, diese Antwort hatten sie nicht erwartet. Durfte einer von ihnen behaupten, ohne Sünde zu sein? Nein. Und das Volk ringsum erschrak; plötzlich schämte es sich seiner Mordlust und Grausamkeit und einer nach dem anderen ließ seinen Stein fallen und ging davon.
So löste sich die Menge viel rascher auf, als sie sich versammelt hatte, und es währte nur kurz, da waren Jesus und die Sünderin allein.
Nun hörte Jesus auf, im Staub zu schreiben, er blickte die Frau an, die elend auf dem Boden kauerte. Jesus wusste, dass sie ihre Sünde bereute, dass sie eine Aussöhnung mit Gott suchte.
»Schau auf!«, sagte er. »Hat dich keiner verurteilt?«
»Nein«, flüsterte das Weib. »Keiner.«
»So verurteile ich dich auch nicht. Geh jetzt und sündige nicht mehr!«

DER VERLORENE SOHN

Wieder predigte Jesus vor dem Volk und erzählte ihm dieses Gleichnis: »Ein Mann hatte zwei Söhne. Der jüngere von ihnen sagte zum Vater: ›Mir gefällt es nicht mehr zu Hause. Gib mir das Erbe, das mir zukommt, und lass mich in die Welt ziehen.‹ Der Vater war traurig, aber er tat, was der Sohn verlangte, gab ihm sein Erbe und ließ ihn gehen. Der Sohn zog in ein fernes Land, dort führte er zuerst ein lustiges Leben und verprasste alles, was er besaß. Als sein Beutel leer war, blieb ihm nichts anderes übrig, als sich als Knecht zu verdingen. Er musste die Schweine seines Herrn hüten, und es ging ihm sehr schlecht, denn es war eine Hungersnot gekommen und es gab kein Brot mehr. Ihn hungerte so sehr, dass er sogar von den Schoten gegessen hätte, mit denen die Schweine gefüttert wurden, doch auch das wagte er nicht, denn niemand erlaubte es ihm. Da erinnerte er sich seines Vaters und daran, wie gut es noch dem letzten Tagelöhner ging, der im Hause seines Vaters diente, und er bereute seinen Leichtsinn und seinen Übermut, mit dem er den guten Vater gekränkt hatte. ›Ich will heimgehen‹, dachte er bei sich, ›und ihn um Vergebung bitten.‹ So machte er sich auf den Weg. Als er sich dem Hause näherte, stand der Vater vor der Tür; von Weitem schon erkannte er seinen Sohn und war von Erbarmen gerührt. Er eilte ihm entgegen und küsste ihn. Doch der Sohn fiel ihm zu Füßen und sagte: ›Vater, ich habe gesündigt gegen Gott, meinen himmlischen Vater, gegen dich. Ich bin nicht mehr wert, dein Sohn zu heißen.‹ Doch der Vater hob ihn auf, rief seine Diener und befahl: ›Bringt ihm schnell ein schönes Gewand, das beste, das ihr finden könnt. Gebt ihm einen Ring an die Hand und neue Schuhe für seine Füße! Dann holt ein Mastkalb und schlachtet es. Wir wollen ein Freudenmahl halten. Denn mein Sohn war gleichsam tot und ist nun wieder lebendig. Er war verloren und jetzt habe ich ihn wiedergefunden. Freut euch mit mir!‹

Während das Festmahl im Gange war, kam der ältere Sohn vom Feld nach Hause. Er hatte dort gepflügt und harte Arbeit geleistet. Nun hörte er Musik und Gelächter. Er wunderte sich und fragte: ›Was soll das bedeuten?‹ Man gab ihm zur Antwort: ›Dein Bruder ist heimgekommen, darum feiern wir.‹ Da wurde er zornig und weigerte sich, in das Haus hineinzugehen. ›Wie‹, sagte er, ›für diesen Taugenichts wird ein Fest abgehalten?‹ Das kam dem Vater zu Ohren und er ging sofort hinaus, suchte seinen älteren Sohn und redete ihm gütlich zu. ›Vater‹, sagte der Sohn, ›habe ich das um dich verdient? Ich war dir immer gehorsam und habe dich nie gekränkt. Mein Bruder war ungehorsam und hat sein Erbe durchgebracht, und doch feierst du jetzt seine Wiederkehr!‹ Der Vater antwortete: ›Mein Sohn, du bist immer bei mir gewesen und alles, was ich habe, ist dein Eigentum. Doch soll ich mich nicht freuen, dass auch der andere zurückgekehrt ist? Sei nicht böse und begreife: Auch bei den Engeln Gottes herrscht Freude über den Sünder, der sich bekehrt.‹«

DER BLINDGEBORENE

In jener Zeit wirkte Jesus immer wieder viele Wunder. Einmal – der Herr weilte wieder in Jerusalem – saß ein Blindgeborener am Weg und bettelte. Als die Jünger ihn sahen, wandten sie sich an Jesus und fragten ihn: »Wer ist an seinem Unglück schuld? Er selbst oder seine Eltern?«
Jesus antwortete ihnen: »Niemand ist schuld daran. Er wurde blind geboren, damit sich die Macht Gottes an ihm erweise!« Er trat zu dem Blinden hin und machte aus ein wenig Staub und Speichel einen Teig, strich diesen Teig dem Blinden auf die Lider und sprach: »Geh jetzt und wasche dich im Siloahteich. Wenn du dich gewaschen hast, wirst du sehen.«
Der Blinde gehorchte. Und wirklich, als er sich das erste Mal gewaschen hatte, unterschied er hell und dunkel. Als er sich das zweite Mal wusch, sah er schon Farben und Bewegung, doch alles schwankte noch um ihn her, und die Menschen erschienen ihm wie windbewegte Bäume. Da wusch er sich zum dritten Mal. Nun lag alles klar und deutlich vor ihm; er unterschied die Fugen in den Pflastersteinen so gut wie die Zinnen der Türme, er sah Hunde, Vögel, Pferde, die spitzen Wipfel der Zypressen, die bunten

Körbe der Obstverkäufer, und er sah die Augen der anderen Menschen verwundert und erstaunt auf sich gerichtet. »Wer bist du?«, fragten sie ihn. »Warst du früher nicht blind?«
»Ja«, erwiderte der Geheilte, »ich war blind, aber ein Mann namens Jesus hat mir das Augenlicht gegeben.«
»Und wann hat er das getan?«
»Soeben!«
»Soeben?! Also heute! Aber heute ist Sabbat!«
Ja, es war wieder Sabbat, und wieder hatte der Herr einen armen, unglücklichen Menschen an einem Feiertag von seinem Leiden befreit, und wieder fanden engherzige und verknöcherte Leute, er habe damit ein heiliges Gebot verletzt. Ein Mann packte den Geheilten am Arm und rief: »Wo ist dieser Jesus?« Und als der Geheilte nicht zu antworten wusste, sagte der Mann: »Komm mit in den Tempel. Das muss den Pharisäern gemeldet werden.«

Der Geheilte war noch zu benommen um sich zu wehren. Er ließ sich hinaufführen durch die Gassen, die er sich so oft mit dem Stab entlanggetastet hatte. Alles war ihm neu, alles erschien ihm wunderbar. Doch der Mann, der ihn führte, duldete nicht, dass er stehen blieb. Erst im Tempelhof ließ er ihn frei. Eine Menge Männer trat auf ihn zu, und sie begannen ihn auszufragen: »Bist du wirklich blind gewesen? Gestehe doch, dass du lügst!«
»Warum sollte ich lügen?«, erwiderte der Geheilte. »Fragt doch meine Eltern, die können es bezeugen! Ein Mann namens Jesus hat mich gesund gemacht.«
Da riefen die Männer voll Zorn: »Sprich diesen Namen nicht aus, der Mann ist ein Sünder.«
»Ein Sünder?«, fragte der Geheilte. »Das glaube ich nicht. Ich glaube eher, er ist ein Prophet. Wie hätte er mich sonst heilen können? Seit Ewigkeit hat man nicht gehört, dass einem Blindgeborenen die Augen geöffnet worden sind. Er ist von Gott!«
Da stürzten sie sich auf ihn, schlugen ihm ins Gesicht und trieben ihn aus dem Tempelhof hinaus.
So weit also war es mit den Pharisäern schon gekommen, dass sie jeden verfolgten, der an Jesus glaubte. Nicht einmal das Glück dieses Geheilten rührte sie. Nicht einmal vor ihm, der zum ersten Mal in seinem Leben das reine Himmelslicht schauen durfte, schämten sie sich ihrer Bosheit und ihres Hasses.
Wie von Neuem geblendet, wankte der arme Mensch hinaus. Bis jetzt hatte er nicht gewusst, wie böse die Leute sein konnten. War er nur dazu sehend geworden, um es zu erfahren?
Er lief aus dem Tor und in das Tal Kidron hinab. Dort suchte er einen stillen Winkel, um zu weinen.
Plötzlich stand Jesus vor ihm und sagte: »Was haben sie mit dir getan?« Und als ihm der Geheilte stotternd und schluchzend die Vorfälle erzählte, sprach er: »Ich bin es, der dich geheilt hat. Glaubst du an den Menschensohn?«
Da rief der Blinde: »Ja, ich glaube!«, und fiel Jesus zu Füßen und betete ihn an.

DIE FREUNDE IN BETANIEN

Jenseits des Kidrontales lag ein kleiner Marktflecken namens Betanien, und nahe diesem Flecken erhob sich ein einzelnes Gehöft. Hier wohnten drei Geschwister, zwei Schwestern und ein Bruder, Maria, Marta und Lazarus. Bei diesen dreien kehrte Jesus sehr gern ein. Immer wenn er zu ihnen kam, nahmen sie ihn mit der größten Freude auf, und er nannte sie seine Freunde.

Maria war ein stilles Mädchen, das gern Jesus zu seinen Füßen saß und seinen Worten lauschte. Marta hingegen war sehr emsig. Sie lief den ganzen Tag umher, in die Küche, in den Keller; bald war sie im Gemüsegarten, bald im Hühnerhof, und wenn sie drei Gäste hatte, wusste sie schon gar nicht mehr, was sie alles kochen, braten und backen sollte. Das Feuer prasselte im Herd, die Pfannen klapperten und Marta schoss mit hochroten Wangen hin und her.

Es war ein wunderschöner milder Wintertag, als Jesus wieder einmal in Betanien weilte. Die Sonne schien durch die entlaubten Weinstöcke und überglänzte die niedrigen hellen Mauern, die sich rings um das Haus zogen. Jesus saß vor seinen Jüngern und redete zu ihnen. Auch Maria war dabei, hatte das Kinn in die Hand gestützt und lauschte aufmerksam.

Da kam Marta aus dem Haus. In der Linken hielt sie einen Krug, in der Rechten einen Schürhaken und eine Strähne ihres Haares fiel ihr ins Gesicht.

»Herr!«, redete sie Jesus an, »Meister!«

»Was willst du, Marta?«

»Meister, kümmert es dich nicht, dass Maria nichts tut, während ich so viel Arbeit habe? Sag ihr doch, sie soll mir behilflich sein!« Jesus schwieg einen Augenblick. Er lächelte. »Höre, Marta«, sprach er dann. »Du kannst immer arbeiten, auch wenn ich nicht bei euch bin und zu euch rede. Und dann wird dir Maria sicher zur Hand gehen, nicht wahr, Maria?«

Maria nickte.

Doch Marta erwiderte: »Verstehst du nicht, Meister? Ich möchte dich gut bewirten!«

»Ja, Marta«, nickte der Herr. »Ich weiß, du tust so vieles und gibst dir große Mühe. Aber ist es denn so wichtig, wie du mich bewirtest? Maria hat den besseren Teil gewählt. Denn nur eins ist wichtig, Marta: dass ihr mein Wort hört und in euch bewahrt.«

DER ZÖLLNER ZACHÄUS

Das alte Jahr ging zu Ende und das neue kam heran. Wieder wuchs der Tag und die Nacht nahm ab, und auf den von Regen benetzten Fluren begannen das junge Gras und das junge Korn zu sprießen. Längs der Wasserläufe blühten blaue und gelbe Lilien und auch die hoch gelegenen Weidenflächen besternten sich mit Anemonen. Das Pessachfest war nicht mehr allzu fern, und jeder Hausvater im Land Israel musterte seine Herden und die jungen, vor Kurzem geborenen Lämmer und merkte sich jenes an, das er am Vorabend des Festtages als Pessachlamm schlachten wollte.

Jesus kam auf dem Weg von Galiläa nach Jerusalem durch Jericho. Das war kein sehr weiter Weg, doch er führte durch ein wildes Gebirge, in dem allerlei Räubergesindel hauste. In Jericho erwartete ihn schon wieder eine beachtliche Menschenmenge, und es herrschte großes Gedränge um ihn. Viele Vornehme wollten ihn einladen und ihn bitten, bei ihnen zu Gast zu sein. Aber er sagte zu ihnen: »Wartet! Ich glaube, mich wird ein anderer an seinen Tisch laden.«

In der Stadt lebte ein Zöllner namens Zachäus, er war, wie alle Zöllner, verachtet und verhasst. Auch er wollte Jesus sehen und wenigstens einen Blick auf den Mann werfen, von dem es immer häufiger hieß, er sei der Messias. Doch Zachäus getraute sich nicht, sich unter die drängende Menge zu mischen; und da er überdies klein von Gestalt war, stieg er auf einen Baum. Er stieg immer höher und höher und saß schließlich mitten in der Krone und versuchte, einen Blick auf Jesus zu erhaschen.

Auf einmal wandte sich Jesus um und rief: »Zachäus!«

»Wen ruft er?«, fragten die Leute.

»Zachäus, steig herab von deinem Baum. Ich will heute in deinem Hause einkehren.«

Zachäus beeilte sich, vom Baum herunterzusteigen und führte Jesus mit tausend Freuden in sein Haus; und so glücklich war er, dass er Jesus noch in derselben Stunde versprach, die Hälfte seines Vermögens den Armen zu geben und jeden Schaden, den er jemals zugefügt hat, um das Vierfache zu vergüten. Denn der Menschensohn ist gekommen, zu suchen und zu retten, was verloren war!

DER BARMHERZIGE SAMARITER

In jener Zeit trat ein Schriftgelehrter an Jesus heran und stellte ihm die Frage: »Meister, was sollen wir tun, um das ewige Leben zu erlangen?«
Diese Frage klang sehr höflich und fromm; doch der Herr musste den Schriftgelehrten nur ansehen und wusste schon, dass ihm jene Frage nicht von Herzen kam. Er hatte sie nur gestellt, um Jesus zu einer Äußerung zu verlocken, die ihn in den Augen seiner Feinde von Neuem ins Unrecht setzen sollte.
So antwortete ihm Jesus mit einer anderen Frage: »Welches ist das höchste Gebot, das uns Mose gegeben hat?«
Der Schriftgelehrte erwiderte: »Das höchste Gebot ist: Du sollst Gott, deinen Herrn lieben aus deinem ganzen Gemüt und aus allen Kräften deines Herzens. Und deinen Nächsten sollst du lieben wie dich selbst.«
»Du hast richtig geantwortet«, sagte Jesus. »Wenn du diese Gebote erfüllst, wirst du das ewige Leben erlangen.« Und er wollte sich abwenden und weitergehen.
Doch der Schriftgelehrte hielt ihn fest und rief: »Aber noch weiß ich nicht, wer mein Nächster ist. Erkläre mir das!«
Jesus antwortete ihm mit einem Gleichnis und sprach: »Ein Mensch zog von Jerusalem hinab nach Jericho und fiel unter die Räuber. Sie rissen ihm seine Kleider vom Leib, versetzten ihm Schläge und warfen ihn neben die Straße ins Dorngebüsch. Dann liefen sie davon. Der arme Mann konnte sich nicht mehr aus eigener Kraft erheben, und seine ganze Hoffnung war, dass jemand des Weges käme, der sich seiner annahm. Und richtig, da kam ein Priester gezogen. Er galt als frommer Mann und hielt sich auch selbst dafür. Doch als er den Verwundeten sah, hatte er Angst, sich bei ihm aufzuhalten, denn vielleicht waren die Räuber noch in der Nähe. So ging der Priester weiter und davon. Eine Weile später kam ein Levit – auch er war ein Bruder, ein Landsmann

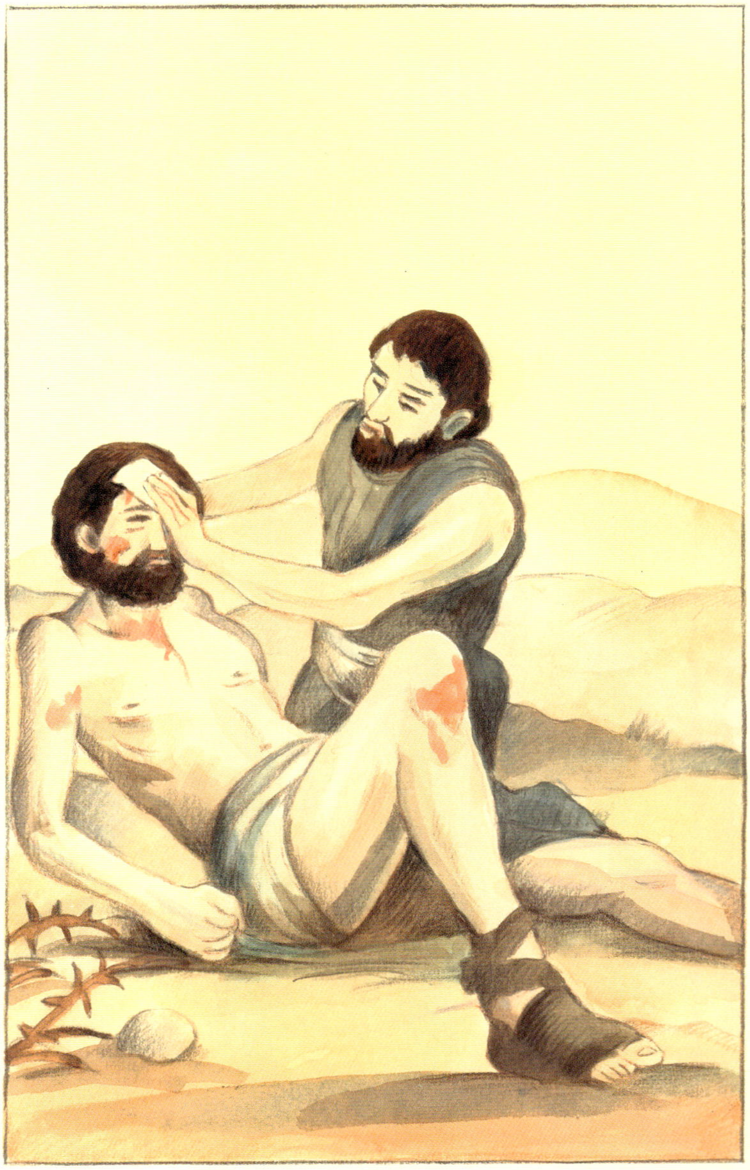

des Geschlagenen; aber auch er ging weiter. Nun kam lange niemand, und der Mann glaubte schon, er müsse sterben. Da zog ein Samariter des Weges, ein Fremder also und, wie ihr sagt, ein Gottloser. Der Mann aus Jerusalem wagte gar nicht zu rufen. Doch der Samariter erblickte ihn und hatte Erbarmen. Er befreite ihn aus den Dornen, goss Wein und Öl in seine Wunden, verband ihn, lud ihn auf sein Reittier und brachte ihn in eine Herberge. Von dort musste er am anderen Tag weiterziehen. Doch ehe er fortging, gab er dem Wirt zwei Denare und bat ihn, für

den Verwundeten zu sorgen. ›Und wenn das Geld nicht reicht‹, sagte er, ›komme ich wieder, um dir den Rest zu bezahlen.‹«

So sprach Jesus. Dann wandte er sich an den Schriftgelehrten und fragte: »Nun sage mir, wer von den dreien war nach deinem Urteil der Nächste dessen, der unter die Räuber gefallen war?«

Der Schriftgelehrte senkte beschämt den Kopf und sagte: »Der Barmherzige.«

»Ja«, nickte Jesus. »Der Barmherzige. So geh hin und sei auch du von nun an barmherzig!«

DIE AUFERWECKUNG DES LAZARUS

Noch waren es vier Wochen bis zum Pessachfest. Da traf ein Bote bei Jesus ein und brachte ihm die Nachricht: »Lazarus ist krank. Der Freund, den du liebst, liegt im Sterben. Nur du kannst ihn noch retten.« Als die Jünger diese Nachricht hörten, erschraken sie. Denn sie waren sicher, dass Jesus seinen Freund nicht verlassen, sondern dass er nach Betanien gehen werde, um ihn zu heilen. Doch Betanien lag nahe bei Jerusalem, und dort saßen Jesu grimmigste Feinde. Wenn er jetzt hinaufzog, da das Pessachfest bevorstand und so viel Volk in die Stadt strömte, musste ein Unglück geschehen. »Herr«, baten sie, »weißt du denn nicht, dass es deinen Tod bedeuten kann, wenn du nach Jerusalem ziehst? Bleibe lieber hier, hier bist du sicher!«

Doch Jesus antwortete: »Lasst mich! Unser Freund Lazarus schläft. Ich gehe hin, um ihn zu wecken.«

»Wenn er schläft, wird er gesund werden«, riefen die Jünger. »Also bleibe!«

Jesus schüttelte das Haupt und sagte: »Ihr versteht mich nicht. Sein Schlaf ist der Schlaf des Todes, doch ich freue mich um euretwillen, dass ihr die Herrlichkeit Gottes erfahren werdet.«

Nun war es also sicher, dass Jesus wieder nach Jerusalem ziehen würde. Seine Getreuen waren bestürzt und voll Angst. Nur Thomas, den sie den Zwilling nannten, meinte: »Gehen wir! Bleiben wir bei ihm, um mit ihm zu sterben!«

Doch ihr Aufbruch zog sich noch zwei Tage hin, und zwei Tage brauchten sie für den Weg. So kamen sie erst am Abend des vierten Tages an. Während sie sich Betanien näherten, lief ihnen Marta entgegen. Als sie Jesus erblickte, brach sie in Tränen aus und rief: »Ach, Herr, wärest du hier gewesen, mein Bruder wäre nicht gestorben.«

Jesus ließ sie eine Weile weinen, dann sagte er: »Sei still, Marta, dein Bruder wird auferstehen.«

Marta verstand ihn nicht. Wie hätte sie ihn auch verstehen sollen?

»Gewiss«, nickte sie, »er wird auferstehen, am Jüngsten Tag werden wir alle wieder beisammen sein.«
Jesus ergriff ihre Hand und sprach: »Ich bin die Auferstehung und das Leben. Wer an mich glaubt, wird leben, auch wenn er stirbt.«

Noch immer verstand Marta nicht und dachte, Jesus wolle sie nur trösten. Sie holte ihre Schwester Maria und auch diese weinte bitterlich und sagte dasselbe wie Marta: »Ach, Herr, wärst du bei uns gewesen, unser Bruder Lazarus wäre nicht gestorben.«
Diese Worte rührten den Herrn, und als er sah, wie traurig die Schwestern waren, sprach er: »Wo habt ihr euern Bruder hingelegt? Führt mich zu seinem Grab!« Und sogleich führten sie Jesus hin, und etliche Trauergäste folgten ihnen und begleiteten sie.
Lazarus' Leichnam befand sich in einer Felsenhöhle, und vor der Gruft lag ein großer Stein. Als Jesus das Grab erblickte, war er tief ergriffen und weinte. Da sprachen die Leute zueinander: »Seht doch, wie lieb er den Toten hatte.«
Doch andere sagten: »Warum hat er ihn nicht gerettet, er, der so viele geheilt und Blinden das Augenlicht wiedergegeben hat?«
Als Jesus diese Worte hörte, befahl er: »Hebt den Stein weg!«
Maria und Marta erschraken und Marta sagte: »Herr, warum willst du das? Es ist heute der vierte Tag und die Leiche riecht schon.«
Da wiederholte Jesus mit lauter Stimme: »Hebt ihn weg!«
Ein Mann eilte hin, zog den Pflock, der den Stein hielt, aus der Erde, und der Stein rollte vom Eingang zur Seite. Die Frauen wandten sich ab und verhüllten ihre Gesichter. Doch Jesus trat hin und rief in die Höhle hinein: »Lazarus! Lazarus! Komm heraus!«
Eine Weile blieb es so still, dass man nicht einmal einen Atemzug oder das Rascheln eines Kleides hörte. Dann regte sich etwas in der Höhle. Es war wie ein Seufzen aus schwer beengter Brust. Etwas schleifte über den Boden, als schöbe sich ein Mensch mit gebundenen Armen und Beinen über eine steinerne Platte. Dann erhob sich etwas Helles aus der dunklen Höhle.
»Lazarus!«, schrien Maria und Marta wie aus einem Mund. Ein bleiches, von weißen Tüchern umrahmtes Gesicht erschien im Licht. Noch waren ihm die Zeichen des Todes eingeschrieben: Ein bläulicher Schatten umgab seinen Mund. Ein Zittern lief darüber hin, und als Lazarus mit geblendeten Augen Jesus erkannte, lächelte er selig und wissend.

DER HOHE RAT

»Lazarus – Lazarus – Lazarus ...«, Hunderte Stimmen wisperten diesen Namen in jener Nacht im Tempelbezirk, in den Wandelgängen und auf dem Stufenweg zum Palast des Hohenpriesters Kajafas. »Von den Toten auferweckt« – »Am vierten Tag« – »Er hat schon zu verwesen begonnen« – »Und trotzdem auferstanden« – »Unglaublich« ...
Im Palast des Kajafas tagte der Hohe Rat, und alle waren gekommen: die Pharisäer, die Jesus hassten und die sich sonst für besser hielten als die Tempelpriester und die Herren des Rates; heute vergaßen sie ihren Hochmut und ihre Streitigkeiten mit Kajafas und dessen Anhang; die Schriftgelehrten waren gekommen, die sonst nur über ihren Bücherrollen saßen und grübelten; es kamen Leute, die Jesus im Tempel gehört hatten, und andere, die seine Lehre nur aus Gerüchten kannten. Der ganze Palast wimmelte von ihnen. Die letzte Wundertat des Nazareners hatte sie alle in die größte Aufregung versetzt. »Was sollen wir mit diesem Menschen anfangen«, fragten sie, »der solche Zeichen wirkt? In wenigen Tagen beginnen die Pessachfeiern. Wenn das Volk merkt, dass er in Jerusalem ist, wird es einen Aufstand anzetteln!« – »Es wird ihn zum Hohenpriester machen.« – »Oder zum König ausrufen!« – »Und was wird dann aus uns?« So redeten sie hin und her, und einer machte den Vorschlag, Lazarus heimlich zu ermorden, um den Beweis fortzuschaffen, dass Jesus sogar Tote auferwecken könne. Doch andere schrien ihn nieder: »Was nutzt es, Lazarus zu töten? Morgen erweckt er einen anderen Toten!« – »Hat er nicht gesagt, er will das Haus Gottes niederreißen und in drei Tagen wieder aufbauen?« – »Händler und Wechsler hat er aus dem Tempel vertrieben!« – »Er hat behauptet, er sei Gottes Sohn!«
So redeten sie durcheinander und schüttelten die Fäuste, und einer hetzte den anderen auf, dass sie schließlich alle voll Wut und Hass waren. Endlich trat der Hohepriester ein. Er bewegte sich langsam, mit schleppenden Schritten durch den Saal. An seiner Seite schritt der greise Hannas, sein Schwiegervater, ein kleiner, schon ganz zusammengeschrumpfter zahnloser Mann, von dem aber jedermann wusste, dass Kajafas tat, was immer er wollte, und dass er in Wahrheit der Mächtigere war.
Nun trat im Saal Ruhe ein.

Kajafas bestieg seinen Thron und Hannas nahm neben ihm Platz. Soeben wollte einer der Pharisäer vortreten, um seine Klagen gegen Jesus zu erheben. Doch Kajafas hieß ihn schweigen. Dann griff er in seinen schwarzen Bart und begann: »Ich habe mir berichten lassen und weiß alles. Meine Meinung ist diese: Es ist besser, wenn ein Einzelner zugrunde geht, als dass ein ganzes Volk in Aufruhr gerät und ins Unglück stürzt. Und darum –«, er zögerte und blickte Hannas an. Nun erhob sich auch Hannas und sein zahnloser Mund sprach in die Totenstille: »Und darum muss er sterben.«

»Sterben, sterben!«, schrien die anderen im Chor, und ihr Getöse erfüllte den ganzen Palast.

Nun hatten die Menschen das schreckliche Wort über Gottes Sohn gesprochen: Er muss sterben! Dieses furchtbare Urteil hallte hinaus in die Nacht. Die Raben, die in den Bäumen saßen, hörten es und flatterten entsetzt davon. Die stummen Bäume erschauerten, und alles Getier, selbst die Schakale in der kahlen Wüste, sträubten ihr Fell und flohen in ihre Höhlen.

MARIA VON MAGDALA

Es blieben noch einige wenige Tage Zeit, noch weilte Jesus bei seinen Freunden in Betanien. Der von den Toten auferweckte Lazarus lud Jesus und seine Jünger ein, bei ihm zu Abend zu essen.

Als sie in dem Saal, der mit Laubgewinden geschmückt war, beisammensaßen, brannten überall Lämpchen, und die eifrige Marta hatte ein herrliches Mahl bereitet. Nun kam Maria ganz still und leise in den Festsaal geschlüpft und näherte sich dem Herrn. In ihren beiden Händen trug sie einen Krug aus Alabaster. Damit kniete sie vor Jesus nieder, um seine Füße in Vorahnung seiner Bestattung zu salben.

Maria tat das heute nicht zum ersten Mal, und alle, die hier versammelt saßen, wussten das. Sie wussten auch, dass Maria, die Schwester des Lazarus, nicht immer so ehrbar und anständig im Hause ihrer Geschwister gelebt hatte. Sie hatte vor gar nicht langer Zeit unter dem Namen Maria von Magdala ein sündhaftes und unstetes Leben geführt. Doch eines Tages war sie dem Herrn begegnet, und von der Stunde an tat ihr dieses nichtige Leben leid. Sie suchte Jesu Nähe, und als er einmal zu einem Gastmahl geladen war, fiel sie dem Meister zu Füßen und salbte ihn. Dabei hatte sie bittere Tränen der Reue geweint und diese Tränen mit ihrem langen Haar von den Füßen des Herrn getrocknet. Auch heute weinte Maria, aber sie weinte Tränen der Freude und der innigen Liebe zu dem, der ihr verziehen, der sie gerettet und zu ihren Geschwistern zurückgeführt und zuletzt auch noch ihren Bruder von den Toten auferweckt hatte.

Maria öffnete das Alabastergefäß, und ein süßer Duft erfüllte das ganze Haus. Es roch nach echtem Nardenöl, dem teuersten Salböl, das es gab. Hatte Maria das kostbarste Öl gekauft?

Ja, und sie goss es jetzt über Jesu Füße aus.

Einige begannen zu murren und Maria eine Verschwenderin zu nennen, und vor allem Judas, der am Ende der Tafel saß, zog ein verdrießliches Ge-

sicht. Es ärgerte ihn, dass Maria an der teuersten Salbe nicht sparte, und es ärgerte ihn noch viel mehr, dass sie nur deshalb nicht sparte, weil ihr Herz ganz von Liebe zu Jesus erfüllt war. Judas beneidete sie um diese Liebe, doch das konnte er nicht eingestehen. Er rief über die ganze Tafel: »Meister, hast du nicht immer gesagt, wir sollen unser Hab und Gut den Armen geben? Und nun duldest du, dass diese Frau einen ganzen Krug Nardenöl über deine Füße ausschüttet, wo doch das Pfund sicher dreihundert Denare kostet. Ich denke, es wäre besser gewesen, das Geld den Armen zu geben!«
Jesus blickte auf und antwortete: »Judas, warum sprichst du so und kränkst diese Frau, die nichts wollte als mir eine Wohltat erweisen? Weißt du denn, wie lange jemand hier auf Erden mir noch eine Wohltat erweisen kann? Arme werdet ihr allezeit um euch haben. Aber mich werdet ihr nicht mehr lange um euch haben.« Da stand Judas auf und stürzte zornig hinaus.

DER VERRÄTER

Draußen war es Nacht. Am Himmel leuchtete kein einziger Stern, und einzelne Regentropfen schlugen Judas ins Gesicht. Er lief aus Betanien hinaus, er wusste selbst nicht recht wohin. Wut, Gram und ein wilder Hass erfüllten sein Inneres. Hass gegen sich selbst und Hass gegen den Herrn.

Er bereute seit etlicher Zeit, sich Jesus angeschlossen zu haben. Er spürte, dass Jesus etwas von ihm wusste, das ihm selbst noch nicht klar war. Was hatte Jesus gegen ihn? Mit den anderen redete er so vertrauensvoll wie zu Brüdern. Johannes liebte er und auf Petrus hielt er große Stücke. Sogar dem Zöllner Levi oder Matthäus schenkte der Meister mehr Vertrauen als ihm, Judas Iskariot.

Judas ballte die Fäuste und redete halblaut vor sich hin. Ja, es war richtig, er hatte dann und wann eine Münze aus der ihm anvertrauten Kasse genommen. Doch wie konnte der Meister das ahnen? Er fragte nie nach Geld. Er fragte auch nicht danach, ob er die Pharisäer und Hohenpriester gegen sich aufbrachte. Konnte das ein gutes Ende nehmen? Und wenn es dem Hohen Rat gelang, Jesus gefangen zu nehmen und zu töten, was würde dann mit seinen Jüngern geschehen? Wahrscheinlich dasselbe!

Judas schauderte es. Er wollte nicht sterben. War er denn nur dazu aus seiner Heimat fortgezogen, hatte er nur dazu dieses mühsame und armselige Wanderleben auf sich genommen, um am Ende wie ein Verbrecher gesteinigt oder gar ans Kreuz geschlagen zu werden?

Unter solchen Gedanken war Judas schon weit von Betanien fortgelaufen. Unversehens stand er unter den Mauern von Jerusalem. Im Schutz der Dunkelheit schlich er sich in die Stadt; vor dem Palast des Hohenpriesters Kajafas saßen drei Männer unter einem Torbogen und schwatzten. Als Judas hörte,

dass sie von Jesus sprachen, drückte er sich vorsichtig hinter einen Pfeiler und lauschte.
»Dreißig Silberlinge sind auf seinen Kopf gesetzt«, sagte der eine. »Ein schönes Geld.« »Dafür kann man einen ganzen Acker kaufen«, sagte der andere. »Trotzdem möchte ich das Blutgeld nicht verdienen«, erwiderte ein Dritter. »Dieser Jesus ist vielleicht doch der Messias. Er wird uns von den Römern befreien und ein mächtiges Reich aufrichten.«
»Unsinn!«, erwiderte der Zweite. »Es sind schon viele gekommen und haben gesagt: Ich bin der Messias. Und nachher waren sie's nicht, und alles blieb beim Alten.«
Als Judas diese Worte hörte, wurde ihm schwindlig. Er musste sich an den Pfeiler anklammern, hinter dem er stand. In diesem Augenblick öffnete sich hinter ihm das Tor zum Palast des Kajafas. Er sah, dass einige Leute hineingingen, und er schloss sich ihnen an. Drinnen empfing ihn ein Schreiber. Als er sagte, er sei wegen Jesus von Nazaret gekommen, wurde er sogleich weitergeführt. Schließlich stand er vor Kajafas selbst.
Stotternd brachte Judas sein Anliegen vor: Er könne Jesu Aufenthalt in Erfahrung bringen und sei unter Umständen bereit ... »Ihn auszuliefern?«, fiel ihm Kajafas schnell und erfreut ins Wort. »Das ist vernünftig von dir, mein Freund! Du brauchst nicht zu fürchten, dass diesem Jesus ein Leid geschehen wird. Wir wollen ihn nur gefangen nehmen und über das Pessachfest in Gewahrsam halten. Doch höre«, fuhr er dann leiser fort und ergriff Judas am Überrock: »Eines ist wichtig! Du musst uns den Ort verraten, wo wir ihn allein antreffen können, nicht inmitten des Volkes, du verstehst! Wir wollen keinen Aufstand. Sobald du uns den Ort gezeigt hast und wir ihn gefangen haben, bekommst du das Geld. Zwanzig Silberlinge!«
»Dreißig!«, flüsterte Judas mit trockenen Lippen.
»Also dreißig!«, rief Kajafas und stieß ihn verächtlich von sich. »Und nun geh!«

DER PALMSONNTAG

Am nächsten Tag strömten die Pilger scharenweise nach Jerusalem hinein, denn die Woche vor dem Pessachfest hatte angefangen. Von allen Seiten wurde ihnen auf den Straßen, in den Gassen, in den Herbergen zugerufen:
»Gut, dass ihr kommt. Der Messias ist unserem Volk aufgestanden. Er heilt die Kranken, er weckt die Toten. Draußen in Betanien ist ein Mann, der schon vier Tage im Grab lag. Nun geht er herum und lebt.«
Sogleich wälzte sich eine freudig erregte Menge über den Bach Kidron gegen Betanien. Sie geleiteten Jesus feierlich aus dem Hause des Lazarus, und als er zwischen ihnen erschien, rissen sie Zweige von den Bäumen und Blätter von den Palmen, warfen ihre Klei-

der vor ihm auf den Boden und riefen: »Hosanna in der Höhe, hochgelobt, der da kommt im Namen des Herrn! Hochgelobt seist du, Heiland und König!« Und schon brachten sie ein Eselsfüllen herbei, und Jesus bestieg es und ritt vor der Menge her gegen Jerusalem. Durch Gärten und Ölbaumhaine schallte das Jauchzen und Singen und lockte immer mehr Menschen herbei: »Hosanna! Hosanna!«

Zwei Pharisäer traten dem Herrn in den Weg und sagten: »Was soll das bedeuten? Warum erlaubst du ihnen, so zu schreien?«

Jesus fasste fester in die Zügel und sprach: »Himmel und Erde wissen, wer ich bin. Nur ihr wisst es nicht. Wahrlich, ich sage euch: Wenn diese Menschen nicht Hosanna riefen, dann würden es die Steine tun!« Mit diesen Worten ritt er an ihnen vorbei.

Der Weg machte jetzt eine Biegung, und vor Jesus lag jenseits des Kidrontales Jerusalem ausgebreitet, mit wuchtigen Mauern und hohen Türmen, und das goldene Morgenlicht glänzte auf seinen Zinnen. Das war sie, die Heilige Stadt, wo der Herr des Weltalls von seinem auserwählten Volk angerufen und verehrt werden wollte. Da stand der Turm Davids, mächtig gefügt aus riesigen Quadern, da leuchtete die Goldene Pforte, und hinter ihr erhob sich der Tempel, das Haus des Allerhöchsten.

Jesus bedeckte sein Angesicht mit den Händen und sprach: »O Jerusalem, Jerusalem! Was wird dir geschehen? Wie oft habe ich versucht, deine Kinder um mich zu sammeln, wie die Henne ihre Küken unter ihren Flügeln sammelt! Aber du wirst deinen Propheten ermorden und wirst dafür büßen müssen, du unselige Stadt. Kein Stein wird in dir auf dem anderen bleiben, und deine Feinde werden dich zu Boden schmettern und deine Kinder in dir. Ach, wenn du noch heute erkenntest, was dir zum Frieden gereicht! Aber du willst nicht erkennen. Warum hast du mir nicht geglaubt?«

Die Jünger waren bestürzt, als sie diese Worte hörten und sahen, dass Jesus weinte. Warum weinte der Meister gerade in dieser Stunde? Hörte er nicht die

immer noch jauchzenden Rufe »Hosanna, Hosanna!«? Sah er denn nicht die vielen Hände, die ihm winkten? Merkte er nicht, dass viele Vornehme daran dachten, sich ihm anzuschließen, dass sogar die Tempelwache und die Soldaten des Herodes bereit waren, ihm zu folgen? Ein Wort von ihm, und die einen würden den Palast des Kajafas stürmen, die anderen den Tempel in Besitz nehmen, und was die Römer betraf – ein Mann, der die Macht besaß, Tote aus dem Grab zu rufen, der hatte gewiss auch die Macht, Feuer vom Himmel fallen zu lassen und den ganzen römischen Spuk zu Asche zu verbrennen! »Nur ein Wort, Jesus, nur ein Wort!«
Aber der Herr sprach das Wort nicht aus.
Vor dem Tempeltor stieg er von seinem Reittier ab und begab sich in den Hof, wie schon viele Male zuvor. Dort sprach er, wie schon so oft, zu den Bettlern, die in den Rinnsteinen saßen und ihm ihre gichtverkrüppelten Glieder entgegenstreckten. In einem Winkel des Tempelhofes setzte er sich nieder und begann zu predigen. Es war wirklich alles wie schon öfters geschehen. Die Menge murrte. Warum gab der Meister nicht endlich den Befehl zum Angriff?
Jesus sprach: »Die Stunde ist nahe, in der der Menschensohn verherrlicht werden wird. Aber nicht so wird er verherrlicht werden, wie ihr erwartet. Denkt an ein Weizenkorn, das ausgesät wird! Kann es Frucht bringen, ehe es selbst in der Erde stirbt? So ist es auch mit mir. Auch ich muss sterben, um die Ernte zu bringen, die mein himmlischer Vater von mir erwartet. Wer sein Leben liebt, der wird es verlieren. Aber wer es hingibt, der wird es tausendfach zurückerhalten.«
Nach diesen Worten verstummten die Hosannarufe. Viele warfen ihre Zweige und Palmblätter fort und zerstreuten sich, und der ganze Hof war von welkendem Grün übersät.
Als die Jünger sahen, was geschehen war, drängten sie sich enger um Jesus, und Johannes fragte ihn: »Du hast soeben auf dem Weg hierher von einem großen Unheil gesprochen, das über diese Stadt hereinbrechen wird. Wie hast du das gemeint?«
Jesus antwortete: »Diese Stadt ist ein Gleichnis für die ganze Erde, und das Volk Israel für alle Völker auf dieser Welt. Wahrlich, ich sage euch: Eines Tages werden große Zeichen am Himmel geschehen, an Sonne, Mond und Sternen, und unter den Menschen wird große Angst herrschen wegen des ungestümen Rauschens des Meeres und der Fluten, denn der ganze Erdkreis wird erschüttert werden. Dann wird der Menschensohn erscheinen zwischen den Wolken, und die Gräber werden sich öffnen und die Toten auferstehen, und alle werden hintreten vor sein Angesicht, damit er sie richte. Er wird die Guten zu seiner Rechten versammeln und zu ihnen sagen: ›Kommt, ihr Gesegneten, und geht ein in das Himmelreich. Denn ich war hungrig und ihr gabt mir zu essen, ich war durstig und ihr gabt mir zu trinken; ich war fremd und ihr habt mich bei euch aufgenommen, ich war nackt und ihr habt mich bekleidet, ich war krank und ihr habt mich besucht, ich war im Gefängnis und ihr habt euch zu mir bekannt.‹ Dann werden jene sagen: ›Herr, wann haben wir dich jemals hungern gesehen? Wann warst du krank, wann haben wir dich bekleidet?‹ Der Menschensohn wird ihnen antworten: ›Was ihr einem meiner geringsten Brüder getan habt, das habt ihr mir getan.‹
Dann aber wird er sich zu denen wenden, die zu seiner Linken stehen, und wird zu ihnen sprechen: ›Geht fort von mir in das ewige Feuer! Denn ich war hungrig und ihr habt mir nicht zu essen gegeben. Ich war durstig und ihr habt mich nicht getränkt. Ich war nackt, und ihr habt mir kein Kleid gegeben, ich war krank und im Gefängnis und ihr habt euch nicht um mich gekümmert.‹ Jene werden voll Schrecken rufen: ›Herr, Herr, wann haben wir dich hungrig oder durstig oder krank oder gefangen gesehen?‹ Dann wird der Menschensohn antworten: ›So viel ihr meinem ärmsten Bruder nicht getan habt, so viel habt ihr mir selbst nicht getan.‹ Und diese werden verloren sein.«

DAS LETZTE ABENDMAHL

Als der Morgen des Donnerstags zu dämmern begann, sprach Jesus zu den zwölfen, die bei ihm waren: »Längst schon habe ich mich gesehnt, mit euch das Osterlamm zu essen. Geht in die Stadt, und wenn ihr einem Mann begegnet, der einen Wasserkrug auf der Schulter trägt, dann sagt zu ihm: ›Der Meister will heute Abend bei dir einkehren. Bereite das Mahl!‹«
So geschah es auch und zum letzten Mal saß Jesus am Abend mit den Seinen zu Tisch. Doch ehe das Mahl begann, erhob sich Jesus, umgürtete sich mit einem Tuch aus weißem Leinen, goss Wasser in eine Schüssel und kniete nieder, um seinen Jüngern die Füße zu waschen. Diese wussten zuerst nicht recht, wie ihnen geschah: Der Meister wollte ihnen dienen wie der geringste Knecht? War das möglich? Als sich Jesus vor Petrus niederbeugte, sprang dieser auf und rief: »Herr, was tust du? Niemals sollst du mir die Füße waschen!« Jesus antwortete: »Sei still, Simon Petrus, und lass mich tun, wie ich will. Dir und allen anderen will ich die Füße waschen. Du verstehst noch nicht, was ich tue. Erst später wirst du es begreifen!« Und als sich Petrus immer noch wehrte: »Wenn du dir die Füße nicht von mir waschen lässt, wirst du keinen Teil an mir haben.«
Petrus erschrak. »Ach, Herr«, sagte er, »wenn es so ist, dann wasche mir nicht nur die Füße, sondern auch Hände und Haupt.«
Jesus erwiderte: »Es ist genug, wenn ich euch die Füße gewaschen habe.«
So wusch Jesus allen zwölfen die Füße, einem nach dem anderen, der Meister seinen Jüngern, der Herr seinen Dienern, der unendliche Gott seinen kleinen armseligen Geschöpfen. Sogar Judas Iskariot wusch er die Füße. Schweigend und ergriffen ließen sie es geschehen. Doch auf Judas' Stirn stand der Angstschweiß in hellen Tropfen.

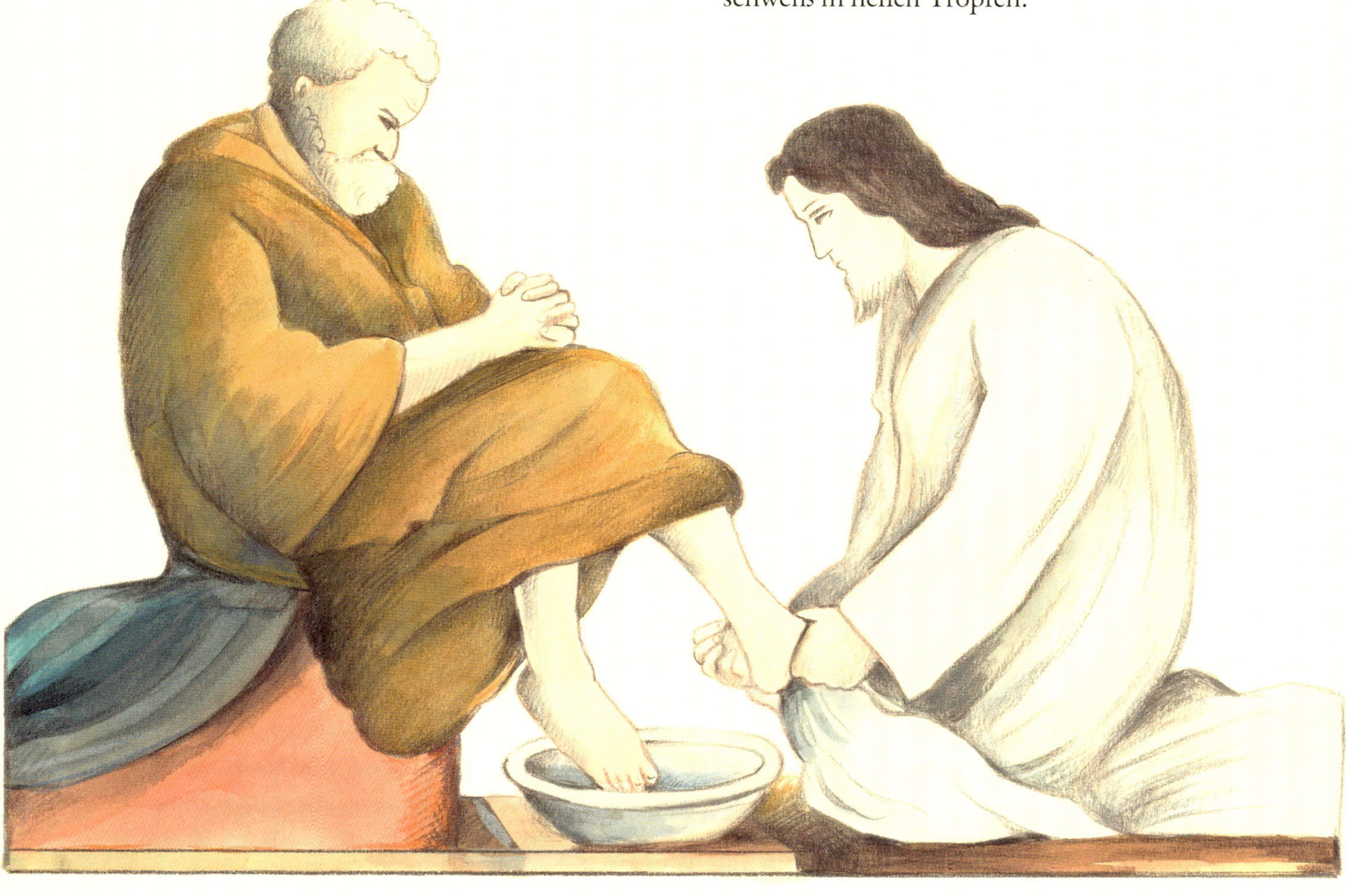

Nun erhob sich Jesus, legte das leinene Tuch ab, setzte sich zu Tisch und sprach: »Versteht ihr, warum ich das getan habe? Ich bin euer Herr und Meister und habe euch trotzdem bedient. So sollt auch ihr einander dienen. Liebet einander, wie ich euch geliebt habe, und seid einig, wie ich mit dem Vater einig bin. Nun gehe ich bald fort von euch, und die Welt wird mich nicht mehr sehen. Aber ich lasse euch nicht als Waisen zurück, meine Kinder! Euer Herz soll nicht zagen und bangen. Ich gehe zum Vater, um euch bei ihm eure Wohnungen zu bereiten, und ich sage euch: Im Hause meines Vaters sind viele Wohnungen.«
Nun wurde das Mahl aufgetragen. Doch Jesus konnte kaum essen, so erschüttert war er. Johannes setzte sich neben ihn, legte den Kopf an die Schulter des Herrn und sagte wie vor ihm Petrus: »Meister, du weißt doch, wie sehr wir alle dich lieben.«
Jesus erblasste, blickte in die Runde und sprach: »Nicht alle lieben mich. Einer ist unter euch, der wird mich verraten.«
Johannes zuckte zurück und rief: »Verraten?«
Auch die anderen Jünger erschraken und wurden ganz verwirrt und blickten einander entsetzt an. »Verraten? Wer von uns könnte dich verraten?« Und in Petrus schwoll ein gewaltiger Zorn an und er winkte Johannes über die Tafel zu: »Johannes, frage den Meister, wer es ist!« Denn er hatte ein Schwert bei sich und war bereit, über den Elenden herzufallen und ihn zu töten.

Doch Jesus antwortete nicht. Erst nach einer Weile sagte er leise zu Johannes: »Der mit mir die Hand in die Schüssel tauchen wird, der ist es.« Jesus nahm ein Stücklein Brot und streckte die Hand damit aus, um es in der Schüssel einzutunken; in demsel-

ben Augenblick kam auch Judas' Hand heran und Jesus reichte ihm den Bissen.
Johannes erzitterte und barg sein Gesicht an Jesu Brust. Doch Jesus schob ihn sanft von sich, und Judas fragte erregt: »Ich bin es doch nicht, Meister?«
Leise entgegnete Jesus: »Du sagst es.«
Judas' Gesicht verzerrte sich. Was sollte er antworten? Heute Nacht, so hatte er dem Hohenpriester Kajafas versprochen, wollte er Jesus ausliefern. Sein Herz schlug ihm bis in den Hals. Er fühlte, dass sich sein Plan wie ein Abgrund vor ihm auftat. Er wusste genau, dass seine Tat ihn vernichten werde, doch in diesem Augenblick wünschte er sein eigenes Verderben, denn Satan hatte von ihm Besitz ergriffen. Da sprach Jesus: »Warum zögerst du noch? Was du tun willst, das tue bald.« Judas duckte sich. Dann lief er hinaus und rannte atemlos in Kajafas' Palast.
Nun war der Verräter gegangen. Außer Johannes wusste keiner der Jünger, dass Iskariot der Verräter war. Sie glaubten, der Meister habe ihn fortgeschickt, einen Auftrag zu besorgen oder den Armen ein Almosen zu bringen, und sie dachten nicht weiter daran.
Jetzt wurde es für eine Weile still im Saal. Die Schüssel mit dem Pessachlamm war abgeräumt. Auf dem Tisch lag nur noch ein Brot und vor dem Meister stand ein Kelch voll Wein.
Es war schon spät, und Jesus wusste, dass er bald gehen müsse, um sich seinen Feinden auszuliefern. Die Stunde des Abschieds war da. Was konnte er noch für seine Jünger tun? Er hatte zu ihnen Worte der Wahrheit gesprochen, er hatte ihnen seine ganze Liebe geoffenbart. Und dennoch schien ihm das nicht genug. Er wollte bei den Seinen bleiben, nicht so, wie er bis jetzt geblieben war, sondern auf eine Weise, dass er immer bei ihnen weilen konnte. Er wollte nicht fortgehen aus dieser Welt, ohne sich für immer in dieser Welt niederzulassen. Er wollte bei allen einkehren, die ihn in Zukunft lieben und an ihn glauben würden, bei allen, die später geboren und von seiner Liebe eingeholt werden würden. Jahrhunderte, Jahrtausende und alle Völker der Welt, alle noch fernen Millionen Menschenkinder, auch sie bedurften seiner, auch ihnen wollte er sich schenken.
In diesem Augenblick sah er die ganze Erde vor sich im finsteren Weltraum schweben, und vor ihm lagen alle Städte und Länder und jede kleinste Hütte vom äußersten Norden bis zum fernsten Süden, und er sah alle Menschen, die lebenden und die zukünftigen, die erst geboren werden sollten, auch dich, auch mich; und weil er bei uns allen sein und bei jedem von uns bleiben wollte, nahm er nun das Brot in seine heiligen und ehrwürdigen Hände, segnete es und sprach:

»Nehmt hin, teilt untereinander und esst, denn dieses ist mein Leib, der für euch hingegeben wird.«
Und ebenso nahm er den Kelch, segnete ihn und sprach:
»Trinkt alle daraus, denn dieses ist mein Blut, das für euch und viele wird vergossen werden zur Vergebung eurer Sünden.«
Dann reichte er ihnen das Brot und den Kelch und ließ sie davon essen und trinken, und endlich sagte er: »Tut das zu meinem Andenken.«
Nun dauerte es nicht mehr lange, bis er aufbrach und den Abendmahlssaal verließ. Er schlug den Weg zum Ölberg, nach Getsemani ein. Die meisten seiner Jünger ließ er dort zurück. Nur drei Jünger begleiteten ihn, als er in den Garten hineinging.

DIE TODESANGST

Ihre Schritte knirschten im Kies. Sonst war kein Laut zu vernehmen. Es war, als hielte die Nacht selbst ihren Atem an und verberge sich im Mantel Finsternis, um nicht mit anzusehen, was geschehen sollte.
Jesus schwieg und auch die Jünger sprachen nicht. Vor ihnen öffnete sich das Tal des Kidron. Johannes fragte leise: »Wohin gehst du, Herr?« Und als er keine Antwort erhielt, fügte er flüsternd hinzu: »Willst du nicht lieber umkehren?«
Auch darauf gab Jesus keine Antwort.
Petrus bat: »Herr, kehre lieber um. Du weißt, wir sind zwar bereit, für dich zu sterben, und was mich betrifft: Ich fürchte weder Gefangenschaft noch Tod ...«
»Ach, Simon«, Jesus drehte sich nach ihm um, »Simon!«
»Ja, Herr!«
»Ich sage dir, noch heute Nacht, ehe der Hahn gekräht hat, wirst du mich dreimal verleugnet haben.«
Nein, wollte Petrus widersprechen, niemals! Aber von Jesus ging etwas aus, das jedes weitere Wort in seinem Mund erstickte.

Sie hatten den Fuß des Ölberges erreicht, und Jesus sprach zu den Jüngern: »Wartet hier auf mich und betet für mich, denn der Geist ist willig, aber das Fleisch ist schwach.«
Damit verließ er sie und bog vom Weg ab.
Die drei Jünger blieben allein zurück. Sie waren betrübt und erschüttert, aber große Müdigkeit überfiel sie. Sie setzten sich an den Wegrand im Garten, und nach einer Weile waren sie eingeschlafen.
Indessen war Jesus einen Steinwurf weit in den Garten hineingegangen. Er kannte den Platz. Zwischen kahlen Felsen wuchsen uralte Bäume empor. Ihre hohlen, verkrüppelten Stämme waren vom Blitz ge-

spalten, vom Alter zerfressen. Wie Schlangen wanden sich die Wurzeln über den Boden.
Da dachte Jesus an den Garten Eden, den Gott den Menschen gegeben hatte, das schöne, immer junge Paradies, und er dachte an Adams Abfall und Kains Verbrechen und an die Bosheit jener, die einst die Sintflut heraufbeschworen hatten. Damals hatte der Vater das schreckliche Wort gesprochen: »Es reut mich, dass ich die Menschen gemacht habe.« Ja, es reute den Schöpfer sein liebstes und kostbarstes Werk, und er, Jesus, war nun da, um diese Reue in ewige Freude zu verwandeln. Aber diese Freude musste erkauft werden, erkauft durch Gehorsam und um den Lösepreis schrecklicher Qualen, und diese Qualen standen ihm, dem Menschen Jesus, bevor. Da fiel er auf die Knie, rang die Hände und flehte: »Vater, wenn es möglich ist, lass diesen Kelch an mir vorübergehen.«
Nach einer Weile stand er auf und ging zu den Jüngern zurück, um sie in dieser Stunde der Angst bei sich zu haben. Aber sie schliefen. Jesus wandte sich ab: Vor seiner Seele stieg noch Schlimmeres auf als die Untaten der fernen Vergangenheit. Alles sah er vor sich, was jetzt geschah und in Zukunft geschehen würde: den Verrat des Judas und seinen eigenen Tod und den Tod seiner Jünger; den Hass der Welt gegen seinen Namen und die Einsamkeit Gottes inmitten der seinen; Mord, Raub und Lüge, Verleumdung, Herzenshärte, Unzucht und Hochmut. Er sah die kommenden Jahrhunderte heranrollen wie rote Wogen, blutig von Kriegen, von der Not der Armen, der Habgier der Reichen. Ach, wozu war er, Gottes Sohn, auf diese Erde gekommen, da die Menschen einander nichts als Schmach und Leid und Elend antun wollten? Seine Seele war betrübt bis in den Tod. Ein Zittern ergriff ihn und der Angstschweiß rann, mit Blut vermischt, über sein Angesicht.
Er betete: »Vater, Vater, höre mich! Wenn es noch möglich ist, lass diesen Kelch an mir vorübergehen, aber nicht mein, sondern dein Wille geschehe!«
Ein fahler Schein irrte durch das Gezweig, und ein Engel senkte sich vor Jesus nieder. Er hielt einen Becher in den Händen, den bot er Jesus dar. Jesus nahm einen Schluck daraus und stärkte sich, und der Engel verschwand wieder.
Nun stand Jesus auf und weckte die schlafenden Jünger, denn die Stunde war da und der Verräter nahte.

DIE GEFANGENNAHME JESU

Jenseits des Kidronbaches öffnete sich eine Pforte und aus der Stadt kam eine Schar Bewaffneter hervor. Sie trugen Fackeln und Spieße und Stangen, und in ihren Helmen spiegelte sich der Feuerschein. Neben dem Anführer schritt eine dunkle geduckte Gestalt. Es war Judas Iskariot.
Sie zogen den Weg herunter und über die Brücke. Judas wies auf den Garten Getsemani. »Dort ist er«, flüsterte er dem Anführer zu, »und es sind nur wenige Jünger bei ihm. Doch damit ihr wisst, wen ihr ergreifen sollt: Er ist es, den ich küssen werde.«
Schon zuckte der Fackelschein zwischen den Ölbäumen hin und her. Jesus sah sie kommen und auch die Jünger sahen sie und einer von ihnen rief: »Herr, lass uns fliehen.«

Doch Jesus schüttelte nur das Haupt, und da trat auch schon Judas auf ihn zu.
»Sei mir gegrüßt, Meister!«, sagte er und küsste Jesus auf die Wange.
Jesus duldete den Kuss. Dann blickte er Judas an und fragte: »Freund, wozu bist du gekommen? Mit einem Kuss verrätst du den Menschensohn.«
Da schrie Petrus hinter ihm: »Meister, wie kannst du das ertragen? Lass uns doch mit unseren Schwertern dreinschlagen!«, und stürzte auf die Bewaffneten zu. Er ließ die Schneide niedersausen und hieb einem Knecht das rechte Ohr ab.
Jesus wandte sich um und rief: »Halt ein! Nicht weiter!« Er trat zu dem Knecht, der sich vor Schmerz krümmte, berührte sein Ohr und heilte ihn.
Als die anderen Knechte das sahen, wichen sie zurück, und keiner wagte Hand an ihn zu legen. Das währte eine Minute, vielleicht auch zwei. Ängstlich standen sie da in ihren Helmen und Panzern, und einem Mann, der die Ketten trug, entfielen sie und rasselten zu Boden.
Jesus sprach zu ihnen: »Worauf wartet ihr noch? Wie gegen einen Räuber seid ihr ausgezogen mit Spießen und Stangen. Täglich war ich bei euch im Tempel und keiner wagte mich anzurühren. Doch dieses ist eure Stunde, die Stunde der Finsternis.«
Da kam Bewegung in die Rotte. Erst als sie sicher waren, dass Jesus ihnen selbst die Hände bot, ergriffen sie ihn, und der Mann, der ihn fesseln sollte, hob die Kette auf und legte sie ihm an.
Petrus und die anderen beiden Jünger waren bei Jesu Worten zwischen die Bäume zurückgewichen. Nun sahen sie, dass die Bewaffneten den Meister in ihre Mitte nahmen. Die Fackeln senkten sich und einige erloschen. Der Anführer gab ein Kommando, und klirrend marschierte der Zug das Kidrontal hinab.

DAS VERHÖR

In Kajafas' Palast brannten alle Lichter, die Säle, Gänge und Treppen waren dicht besetzt. Wieder waren alle Großen von Jerusalem da, der Hohe Rat mit seinen siebzig Mitgliedern und die aufgebotenen Zeugen. Wirklich alle? Vielleicht fehlte jener Nikodemus, der Jesus einst in finsterer Nacht besucht und sich in Heimlichkeit zu ihm bekannt hatte. Vielleicht fehlte auch ein gewisser Eljakim, der einst einen Knaben bei sich aufgenommen und mit ihm geredet hatte und voll Verwunderung gewesen war über des Kindes Weisheit und Prophetengabe. Aber Kajafas war da, und auch Hannas, der uralte zahnlose Greis, der als Erster den Todesbeschluss über Jesus ausgesprochen hatte.
Nun wurde Jesus hereingeführt.
Seine Hände waren gebunden, und zwei Bewaffnete hielten ihn an den Armen, als ob sie fürchteten, er könnte ihnen jetzt noch entfliehen. Kajafas stand auf und fragte ihn: »Bist du Jesus von Nazaret?«
Jesus schwieg.
Jener rief: »Ich beschwöre dich beim lebendigen Gott! Bist du der Messias? Bist du der Sohn des Allerhöchsten?«
Jesus antwortete: »Ja, der bin ich, und ihr werdet von nun an den Menschensohn zur Rechten des Allmächtigen und auf den Wolken des Himmels sehen.«
Ein Wutschrei erscholl durch das ganze Haus, und hundert Fäuste reckten sich auf, und man rief empört: »Er hat gelästert!«
Der Hohepriester nahm den Saum seines Kleides, riss es entzwei und schrie: »Er hat Gott gelästert. Was brauchen wir sonst noch ein Zeugnis gegen ihn?« Aus der Wache stürzte ein großer und roher Kerl herbei, der nicht begriff, um was es ging. Weil alle gegen Jesus schrien, meinte er, auch etwas tun zu müssen, und schlug Jesus mit der Faust ins Angesicht. Jesus wankte.
Als die anderen sahen, dass Jesus wehrlos war, fielen sie über ihn her, schlugen ihn, stießen ihn, spien ihn an und hätten ihn am liebsten gleich getötet. Aber da rief Kajafas zur Ruhe: »Haltet ein! Wisst ihr denn nicht, dass es uns verboten ist, einen Mann zu töten? Nur die Römer haben das Recht, ein Todesurteil auszusprechen. Führt ihn weg. Und wenn der Morgen anbricht, bringt ihn zu Pontius Pilatus.«

EHE DER HAHN KRÄHT

In dieser Nacht hatten die Wachen im Hof des Palastes ein Feuer angezündet, denn es war kühl geworden. Das Gesinde hockte herum, niemand dachte daran, schlafen zu gehen, und alle redeten unaufhörlich von dem einen Ereignis.
Ein dunkler Schatten glitt die Wände der Stallungen entlang. Es war Petrus. Er suchte hier Eingang und folgte seinem Herrn. Er war nicht wie die meisten anderen Jünger gleich nach Betanien geflohen. Er musste wissen, was vorging, er musste hören, was man mit Jesus tat. Er wollte seinen Herrn nicht verlassen.
Noch war sein Kleid blutbespritzt vom Ohr des Knechts. Das Schwert hatte Petrus weggeworfen, denn er hatte noch nie ein Schwert geführt, und dieses einzige Mal, als er es versuchte, war es vergeblich gewesen. »Mein Jesus, mein Meister«, flüsterte er vor sich hin.
Jemand leuchtete ihm ins Gesicht. Es war die Türhüterin im Hause des Kajafas, und sie rief: »Dich kenne ich doch! Bist du nicht auch einer von seinen Jüngern?«
Petrus erschrak. »Nein«, sagte er, »von wem redest du eigentlich?« Aber die Magd ließ nicht locker. Das derbe Weib ergriff ihn am Arm und zerrte ihn in den Hof hinein, wo das Feuer flackerte. »Ach freilich, ich habe dich doch bei diesem Nazarener gesehen!« Schon drehten die Wachsoldaten die Köpfe nach Petrus. Da stammelte dieser: »Ich kenne den Menschen nicht!« Und als ein Bewaffneter Miene machte ihn zu ergreifen, schrie er: »Bei Gott, ich kenne ihn nicht!«, und riss sich los.
Es gelang Petrus, zu entwischen. Zufällig stand eine Hinterpforte eine Handbreit offen. In Schweiß gebadet sprang er ins Freie hinaus. Der Morgen begann schon zu grauen und von den Stallungen herüber erscholl der erste Hahnenschrei.
Petrus erinnerte sich an das Wort des Herrn: »Ehe der Hahn kräht, wirst du mich dreimal verleugnet haben!« Er schlug seine Fäuste vors Gesicht und weinte bitterlich.
Zögernd kam der Tag herauf, blutrot gestreift von einer düsteren Morgenröte, die sich über die Berge Judäas zog. Es war, als wollte die Sonne ihr Angesicht nicht über den Rand der Erde erheben. Der Morgenstern erlosch wie ein ausgebranntes Licht, und die Wasser des Baches Kidron, die nur nach Regen träge durch ihr steiniges Bett schleichen, waren versiegt. Durch das Dorngestrüpp, das den Berg des Ärgernisses bedeckte, kroch ein verzweifelter Mensch, Judas, der Verräter. Er hatte seine Silberlinge erhalten, dreißig Silberlinge in einem Ledersack. Doch tags darauf, als man Jesus zu Kajafas hineingeführt hatte, war es ihm klar geworden: Sie wollten den Meister töten. Kajafas' Versprechen war nur ein elender Betrug. Diese Erkenntnis schlug in Judas wie ein Blitz ein. Er nahm

seinen Beutel, rannte zum Tempel und schrie nach Kajafas und tobte: »Gebt ihn frei! Ihr habt mich betrogen, betrogen!« Doch niemand hörte auf ihn. Da warf er den Priestern den elenden Verräterlohn zu Füßen und stürzte hinaus.
Jetzt wollte Judas sterben. Dort oben stand eine einzelne hohe Platane. Auf sie strebte er zu. Um seine Hüften lag statt eines Gürtels ein starker Strick. Den nestelte er jetzt auf und knüpfte eine Schlinge ...
Jenseits des Tales, jenseits des Berges Zion näherte sich zur selben Stunde eine große Pilgerschar aus dem Norden; Pilger, die, wie alljährlich, zum Pessachfeste kamen und die halbe Nacht gewandert waren, um rechtzeitig in Jerusalem einzutreffen. Keiner von ihnen ahnte, was sich in der Stadt begab.
Mit den Pilgern wanderte auch eine ältere Frau, die schon ein wenig mühsam ausschritt. Sie war mit Freunden und Verwandten von zu Hause aufgebrochen. Aber nun war sie ihnen vorausgeeilt. Eine seltsame Ängstlichkeit, eine quälende Unruhe trieb sie voran. Sie hoffte ihren Sohn in der Stadt zu treffen, ihren geliebten einzigen Sohn, den sie schon lange nicht mehr gesehen hatte und um den ihr so bange ums Herz war. Sie wusste nicht warum, aber sie spürte, dass er in Gefahr war; darum war sie von daheim aufgebrochen und darum eilte sie jetzt ihren Weggefährten voraus.
Nun musste sie bald am Ziele sein. Hinter der letzten Hügelschwelle tauchte Jerusalem auf. Sie hatte sich auf den Anblick der Heiligen Stadt zu freuen versucht. Nun aber wurde ihr noch banger zumute. Warum erschienen ihr ihre Mauern heute so drohend und düster? Und warum klangen ihr plötzlich die Worte grell und dröhnend in den Ohren, die einst vor dreiunddreißig Jahren ein alter Mann dort oben im Tempel zu ihr gesprochen hatte: »Und dein Herz, Maria, wird ein Schwert durchdringen!«?
Der Strom der Pilger staute sich vor dem Tor. Für eine Minute war die Frau in der Menge der Pilger, der Wagen und Pferde ganz eingekeilt. Doch während die Menge sie weiter und durch den engen Bogen drängte, hörte sie den Namen ihres Sohnes neben sich genannt: »Jesus von Nazaret ...«, und dann hörte sie das Wort: »g e f a n g e n ...«

VOR PONTIUS PILATUS

Der römische Landpfleger – heute würde man sagen: der Statthalter – Pontius Pilatus war ein harter Mann. Palästina war nicht die erste Provinz, die er für seinen Kaiser verwaltete, aber keine hatte ihm so viel Ärger bereitet wie diese. Wie jeder Römer die unterworfenen Völker verachtete, verachtete auch er das Volk der Juden; doch dieses Volk kam ihm besonders widerspenstig und schwierig vor. Immerfort gab es Streit und immerfort musste man sich vor Aufständen und Volksaufläufen in Acht nehmen. Draußen in der Wüste trieben die Zeloten ihr Unwesen, diese Partei der Römerfeinde, die alle Augenblicke neue Schandtaten begingen. Erst vor drei Tagen war wieder ein solcher Räuber gefangen und in die Burg Antonia eingeliefert worden. Sein Name war Barabbas. Pontius Pilatus hätte ihn gern sofort hinrichten lassen. Aber jetzt kam das Pessachfest, das die Juden mit so viel Aufwand feierten, und es war Sitte, dass eben zu diesem Pessachfest ein Verbrecher freigelassen werden sollte. Das Volk durfte ihn freibitten. Pontius Pilatus fürchtete, es werde ihn heute um Barabbas bitten. Das ärgerte ihn sehr, denn er hielt Barabbas für einen gefährlichen Menschen.

Der Landpfleger war beinahe erfreut, als man ihm am Morgen mitteilte, die Hohenpriester hätten heute Nacht noch einen zweiten Mann gefangen genommen, einen gewissen Jesus aus Nazaret. Der Name war Pontius Pilatus nicht ganz unbekannt. War das nicht dieser seltsame Wundertäter, der herumzog und das Evangelium der Liebe predigte? Liebe! Das bedeutete für den Landpfleger ein merkwürdiges Wort, denn Pilatus wusste nur von Macht und Gewalt und Gesetz, aber es berührte ihn doch in einem Winkel seiner Seele als etwas Zartes, Gutes. Warum sollte der Mann nicht Liebe predigen? Konnte das ein Verbrechen sein?

Freilich, die Hohenpriester behaupteten auch, er habe sich zum König der Juden krönen wollen. Das klang schon anders. Doch der römische Statthalter Pontius Pilatus misstraute den Anklägern, er wollte den Gefangenen selbst vernehmen.

Er setzte sich auf den Richterstuhl und ließ Jesus hereinführen. Der Gefangene erschien, gefesselt und in zerrissenen Kleidern. Sein Angesicht zeigte Spuren von Schlägen, aus einer Schläfenwunde sickerte Blut. Trotzdem kam er dem Landpfleger irgendwie bekannt vor – und dann erinnerte er sich: Das war der Mann, der die Steinigung der Ehebrecherin verhindert hatte. In Pontius Pilatus regte sich etwas wie Achtung und auch ein wenig Scheu: Dieser Mann war kein gewöhnlicher Mensch. Und darum gelang es dem Landpfleger auch nicht, seine erste Frage in demselben harten Ton zu stellen, in dem er sonst die Angeklagten anzusprechen pflegte: »Bist du der König der Juden?«

Jesus hob sein Angesicht und blickte Pilatus an, und in diesem Blick war keine Furcht, sondern eher Nachsicht und Geduld. »Sagst du das aus dir selbst oder haben dir das andere von mir gesagt?«

Welch eine Frage an den allmächtigen Römer! Pilatus erwiderte beinahe heftig: »Freilich haben mir das andere gesagt. Bin ich denn ein Jude? Dein Volk und die Hohenpriester deines Volkes haben dich vor mein Gericht gebracht. Also sprich, was hast du verbrochen?«

Jesus antwortete: »Mein Reich ist nicht von dieser Welt. Denn, glaube mir, wenn mein Reich von dieser Welt wäre, würden meine Jünger mich verteidigen und für mich kämpfen.«

Pilatus runzelte die Brauen. Er verstand nicht recht, wovon der Angeklagte sprach. Was sollte das für ein Reich sein, für das nicht gekämpft wurde? Wo sollte sich dieses geheimnisvolle Reich befinden?

Und so fragte er beinahe verlegen: »Also bist du doch ein König?«

Jesus antwortete: »Ja, du sagst es. Ich bin ein König. Dazu wurde ich geboren und bin auf die Welt gekommen, um die Wahrheit zu bezeugen. Die Wahrheit ist mein Königreich. Und wer aus der Wahrheit ist, hört meine Stimme.«
Pilatus schwieg einen Augenblick. Auch diese Antwort Jesu begriff er nicht. Er zuckte mit den Achseln, erhob sich, ging hinaus auf den Söller, um den Anklägern zu sagen, die draußen warteten: »Ich finde keine Schuld an ihm.«

DIE GEISSELUNG

Der Anblick, der sich Pilatus vom Söller bot, überraschte und erschreckte ihn. Eine riesige Volksmenge hatte sich unten angesammelt, der ganze Platz war schwarz von Menschen. Sogar auf Dächer und Gesimse waren Leute geklettert, und alle schauten begierig und gespannt zu Pilatus herauf. Der Landpfleger begriff sofort, dass die Stimmung gegen Jesus war und dass man von ihm erwartete, er werde ihn verurteilen. Er warf einen raschen Blick auf die Wachen vor seinem Tor. Würden sie im Notfall widerstehen können?
»Ich finde keine Schuld an ihm«, wiederholte er, doch schwankte seine Stimme, und er fügte rasch hinzu: »Aber damit ihr seht, dass ich mit Strenge verfahren will, werde ich ihn geißeln lassen.« Damit kehrte er in den Gerichtssaal zurück.
Die Menge murrte, und die Pharisäer und Schriftgelehrten, die die Menschen schon seit Mitternacht aufhetzten, begannen von Neuem zu reden und zu hetzen.
Indessen wurde Jesus drinnen im Palast an eine Säule gebunden und mit Geißeln geschlagen.
Pilatus hatte sich in seinen Gerichtssaal eingeschlossen und ging erregt hin und her. Er wollte diesen Menschen nicht verurteilen! Mochten doch die Juden mit ihm tun, was ihnen gefiel. Sie hatten ja auch einen König, diesen Herodes Antipas, der zufällig

ebenfalls in Jerusalem weilte. Mochte also der Jude über den Juden urteilen! Er, der Römer, wollte sich die Hände nicht mit unschuldigem Blut beflecken. Aber hatte er Jesus nicht soeben geißeln lassen? Diese grausame, sinnlose Strafe war vollzogen worden, und Jesus blutete am ganzen Leib aus hundert Wunden. So wurde er jetzt zu Herodes Antipas getrieben, dem Mörder Johannes' des Täufers.

DIE VERHÖHNUNG

Noch vor kurzer Zeit hatte Herodes Antipas vor Jesus gezittert, denn er hielt ihn für den auferstandenen Johannes. Jetzt zitterte er nicht mehr. Voll niedriger Schadenfreude empfing er den gefangenen und misshandelten Jesus. Dieser konnte ihm nicht mehr gefährlich werden, denn er war ein verlorener Mann. Trotzdem hätte sich Herodes Antipas gern mit Jesus unterhalten: »Bist du vielleicht der Messias, den Johannes angekündigt hat? Wo ist deine Macht geblieben, die das ganze Land Galiläa in Aufregung versetzt hat? Es heißt, du habest sogar dem Sturm und den Wellen geboten, warum gebietest du jetzt nichts und niemandem?« Aber Jesus schwieg und würdigte den Mörder des Täufers keiner Antwort.
Da schickte Herodes Antipas Jesus wieder zurück zu Pilatus.
Doch ehe sie ihn wieder hinaufführten in den Gerichtssaal, versammelte sich eine johlende Rotte Soldaten um ihn. Es waren die rohesten und schlechtesten Gesellen der ganzen Kohorte. Sie freuten sich, dass sie jemanden gefunden hatten, den sie ungestraft quälen und verhöhnen konnten. Der eine flocht einen Kranz aus Dornen und setzte ihn Jesus aufs Haupt, der andere warf einen roten Mantel über seine blutigen Schultern, der Dritte gab ihm ein Rohr in die Hand wie ein Zepter. »Jetzt bist du ein König!«, schrien sie. »Ein herrlicher König! Heil dir, König der Juden!« Sie beugten die Knie vor ihm und lachten, und einer entriss ihm das Rohr und schlug ihm damit ins Angesicht.
Jesus ertrug das alles schweigend und stumm. Die Dornen drangen in seine Schläfen und seine Stirn, und das Blut rann ihm über die Lider und brannte in seinen Augen. Doch als er sie wieder öffnen konnte, sah er, dass ein anderer in Ketten gelegter Mann an ihm vorübergeführt und in den Gerichtssaal gebracht wurde. Es war Barabbas.

KREUZIGE IHN!

Aus dem dumpfen Stimmengemurmel, das unter dem Söller wogte, waren jetzt einzelne deutliche Rufe zu vernehmen, andere Rufe schlossen sich diesen an, und schließlich erscholl ein ganzer Chor, der rief: »Kreuzige Jesus! Kreuzige ihn!«
Noch rief nicht das ganze Volk, aber gleich darauf formte sich in einer anderen Ecke des Hofes ein neuer Chor, und je öfter der Ruf erschallte, desto lauter war er.

In diesem Augenblick kam ein Diener herein und meldete, der Nazarener sei wieder da.
Pilatus wandte sich heftig um. Er glaubte seinen Augen nicht trauen zu dürfen, als er Jesus an der Schwelle erblickte. So elend war dieser zugerichtet. In dem Landpfleger stieg ohnmächtige Wut auf. Hatte er denn vergessen, dass er selbst den Befehl gab, Jesus zu geißeln? In diesem Augenblick erinnerte er sich nur daran, dass er ihn hatte retten wollen, und das wollte er auch jetzt. Er ließ Jesus auf den Söller hinausführen. Das schien ihm das letzte Mittel, die Menge zu versöhnen und für Jesus umzustimmen. Bei seinem Anblick musste sie Mitleid empfinden.
Als Jesus draußen sichtbar wurde, ebbte der Lärm für kurze Zeit ab. Schon glaubte Pilatus gewonnen zu haben und rief: »Seht ihn an, welch ein Mensch!«
Aber da schrie eine einzelne Stimme von unten herauf: »Kreuzige ihn!« Und tosend fiel die Menge ein: »Ja, kreuzige ihn!«
»Wie?«, rief Pilatus, »euren König soll ich kreuzigen?« Und wieder antwortete die eine Stimme, die vorhin gerufen hatte: »Wir Juden haben keinen König außer dem Kaiser.« Pilatus wollte noch immer nicht nachgeben. Er beugte sich über die Brüstung und schrie hinab: »Aber ich sage euch doch, ich finde keine Schuld an ihm.«
In diesem Augenblick schwang sich ein Mann im langen schwarzen Habit eines Pharisäers auf eine Säule. Sein Gesicht glich dem einer Maus oder einer Ratte. Er schüttelte seine Faust und rief zu Pilatus hinauf: »Wenn du Jesus nicht kreuzigst, dann bist du kein Freund des Kaisers.«
Da wich Pilatus zurück. Sein rundes, rotes Gesicht erbleichte. Er schoss einen hasserfüllten Blick auf die Menge, aber er war zu stolz, um zu zeigen, dass ihn die Drohung eingeschüchtert hatte. So winkte er und ließ Barabbas auf den Söller führen, Barabbas, den Räuber, den Mörder. Ihn ließ er neben Jesus stellen und rief: »Soll ich euch nun diesen freigeben – oder jenen?«
Eine Zeitlang zögerte das Volk. Es sah die schwärzliche Gestalt da oben, kraushaarig, untersetzt, mit dem stumpfen Gesicht eines Menschen, der zeit seines Lebens nur rohe Gewalt geübt hatte und der, wenn er jetzt in Freiheit kam, nie etwas anderes tun würde, als wieder rohe Gewalt zu üben, zu rauben, zu morden und zu plündern.
Aber das Volk hatte nun schon so oft dasselbe gerufen: »Kreuzige Jesus!«, sodass es sich nicht mehr besinnen, nicht mehr anders entscheiden konnte. Und so rief es jetzt, in seinem verblendeten Eigensinn und wie aus einem Munde: »Barabbas! Barabbas! Gib uns den Barabbas frei!« Pilatus stieß einen Fluch aus und verließ den Söller.
Doch gleich darauf kehrte er wieder zurück. Hinter ihm kam ein Sklave mit einem Wasserkrug, einem Becken und einem Handtuch. Noch einmal trat Pilatus an das Geländer. »Gut!«, sprach er voll Verachtung zu dem Volk hinab, »tut, was ihr wollt, und kreuzigt den Gerechten! Aber ich wasche meine Hände, zum Zeichen dafür, dass ich keine Schuld trage an diesem Blutgericht.«
Er streckte seine Hände über das Becken, und der Sklave goss ein wenig Wasser über sie. Dann reichte er Pilatus das Handtuch und dieser trocknete seine Hände darin ab.

DER WEG NACH GOLGOTA

Nun hatten die Unglückseligen ihren Willen bekommen und beeilten sich, Jesus ans Kreuz zu schlagen, denn am Abend begann schon der Sabbat und das Pessachfest dazu; da durfte niemand am Kreuze hängen bleiben. Darum sollte Jesus noch heute sterben. In überstürzter Hast wurde alles vorbereitet. Weil zwei weitere Verurteilte auf ihre Hinrichtung warteten, wurden auch diese zwei, Räuber und Mörder, herbeigebracht. Sie sollten mit Jesus zusammen auf Golgota gekreuzigt werden. Der jammervolle Zug machte sich auf den Weg. Vorn wurde eine Tafel getragen, auf der der Name des Verurteilten und seine Schuld stand. Pilatus selbst hatte diese Tafel für Jesus schreiben lassen und die Inschrift lautete: »Jesus von Nazaret, König der Juden.« Diese Worte hatte der Römer gewählt, um die Juden zu ärgern und ihnen eine neue Schmach anzutun. Sogleich kamen auch einige Männer vom Hohen Rat gelaufen und beschwerten sich darüber; sie wollten eine andere Inschrift haben. Pilatus erwiderte:

»Was ich geschrieben habe, habe ich geschrieben!«, und ließ ihnen die Tür vor der Nase zuwerfen.
Unter den traurigen Gesetzen, die den Verlauf einer Hinrichtung regelten, war auch eines, das besagte, dass der zum Kreuzestod Verurteilte sein eigenes Kreuz zur Richtstätte zu schleppen habe. So musste auch Jesus das seine tragen. Auf seine wunden Schultern wurde der schwere Balken gelegt. Er wankte unter der Last. Doch dann umschlang er das Kreuz mit beiden Armen. Er wollte auch dieses Letzte auf sich nehmen.
Der Weg war nicht sehr weit, aber er führte durch verwinkelte Gassen und über holprige Treppen. Es wird erzählt: Römische Soldaten drängten die Leute zur Seite, die die Gassen verstopften. Nur sehr langsam kam der Zug voran. Dreimal stürzte Jesus unter dem Kreuz und dreimal wurde er von den Henkersknechten wieder hochgezerrt und weitergetrieben. Beim dritten Mal sahen sie, dass er das Kreuz nicht mehr allein tragen konnte; da fassten sie sich einen Mann, der eben zufällig des Weges kam – er hieß Simon von Cyrene – und verlangten von ihm, Jesus das Kreuz tragen zu helfen.
Einmal standen einige schluchzende Frauen am Weg und streckten die zitternden Arme nach Jesus aus, und eine von ihnen, Veronika, lief hin und trocknete sein von Blut und Schweiß überronnenes Gesicht mit ihrem Tuch.
So wand sich der Zug des Jammers in das Tal hinab und jenseits wieder den Hügel hinauf, bis zwischen kleinen, armseligen Häusern ein kahler Felsen hervortrat, der einem Totenschädel glich: die Stätte der Hinrichtung, Golgota.

DIE LETZTEN STUNDEN

Was nun geschah, war entsetzlich. Drei Kreuze wurden aufgerichtet, an den drei Kreuzen hingen drei Männer, Jesus in der Mitte, ein Verbrecher links, der andere rechts. Jesu Hände und Füße waren mit dicken Nägeln durchbohrt und fest an das Holz geheftet.

Sein Blut rann in Strömen herab und tropfte auf die Erde, und sein Leib, der nackt war bis auf das Lendentuch um seine Mitte, hing verzerrt und gepeinigt an den eisernen Nägeln.

Seine Kleider hatten die Soldaten genommen und unter sich verteilt. Doch über das beste Stück, den Rock, der ohne Naht war, konnten sie nicht einig

INRI

werden. Da kamen sie überein, dass – nach altem Brauch – das Los entscheiden sollte. So setzten sie sich hin und würfelten um den Rock.
Eine Weile waren auf dem Hügel nur die Henkersknechte und Soldaten um die Gekreuzigten versammelt. Das Volk, das dem Zug der Verurteilten gefolgt war, blieb unten stehen und sah nur von Weitem zu. Sogar die Ratsherren und Pharisäer scheuten sich, näher zu kommen, zu schauerlich hallten die Schmerzensschreie der Verbrecher über Golgota. Nur Jesus schrie nicht. Er litt stumm. Einige von denen, die abseits standen, begannen zu höhnen: »Hat dieser Nazarener nicht gesagt, er sei Gottes Sohn? Nun hängt er hilflos da. Anderen hat er geholfen, sich selbst kann er nicht helfen, der große Prophet.«
Diese Worte hörten auch die Verbrecher, und der eine, der zu Jesu Linken gekreuzigt war, bäumte sich voll Hass auf und rief: »Ja, es ist wahr, du hast gesagt, dass du Christus bist. Steig doch herab vom Kreuz und hilf auch uns! Dann wollen wir an dich glauben!«
Doch der andere erwiderte stöhnend: »Was redest du da, du Unseliger? Wir sterben für unsere Untaten. Aber er ist ein Gerechter und ohne Schuld.« Er wandte sein verzerrtes Gesicht gegen Jesus und bat: »Herr, gedenke meiner, wenn du in dein Reich kommst!«
Zum ersten Mal, seit er am Kreuz hing, öffnete Jesus den Mund und sprach: »Sei getrost! Noch heute wirst du mit mir im Paradiese sein.«
Nun war es nach der sechsten Stunde dieses Tages, das heißt nach unserer Uhr kurz nach Mittag: Wann würden die Gekreuzigten wohl ausgelitten haben? Auch die Grausamsten fingen an zu wünschen, dass die Qual nun bald zu Ende ginge. Sogar die Soldaten, die doch schon Unzählige hatten sterben sehen, setzten sich abseits in eine Mulde und versuchten sich beim Würfelspiel zu zerstreuen. So

war ein stummes Kommen und Gehen auf dem Hügel Golgota, und schließlich ragten die drei Kreuze einsam empor.
Da kamen drei Menschen den Hügel herauf, zwei Frauen und ein junger Mann. Dieser führte die ältere Frau. Unter Jesu Kreuz hielten sie inne. Die jüngere Frau kniete nieder und umschlang den Kreuzesstamm mit beiden Armen. Es war Maria, die Sünderin von Magdala, der Jesus vergeben hatte. Die andere Frau blieb aufrecht stehen. Woher sie die Kraft dazu nahm, wissen wir nicht, denn sie war Jesu Mutter.
Der Jüngling war Johannes.
Der Gekreuzigte sah seine Getreuen. Sein von Qualen schon ganz bleiches Gesicht belebte sich ein wenig. Er versuchte den Kopf nach seiner Mutter zu drehen und sagte: »Mutter, siehe da, deinen Sohn!« Dann zu Johannes gewandt: »Siehe da, deine Mutter!«
Und wieder blieb Jesus stumm für lange Zeit.
Eine Stunde verging. Die Sonne begann sich deutlich nach Westen zu wenden. Unendlich langsam wuchsen die Schatten und wanderten gegen Osten. Dann erlosch das Licht. Über Jerusalem stieg eine schwarze Wolke auf. Allmählich senkte sie sich. Es wurde finster. In der Tiefe der Erde ballte sich eine Kraft, so wie sich eine ungeheure Faust ballt. Doch noch regte sich nichts. Kein Steinchen bröckelte, kein Sandkorn rieselte, die Bäume standen starr und stumm, es zitterte kein Blatt.
Nur die Brust des Gekreuzigten hob sich dann und wann zu einem Seufzer, und schließlich sprach er: »Mich dürstet!«
»Ihn dürstet!«, rief ein Soldat dem anderen zu. »Ihn dürstet!«, sagte auch der römische Hauptmann, der abseits auf seinen Speer gestützt dastand und finster vor sich hin blickte. Endlich erhob sich ein Soldat, tauchte einen Schwamm in einen Krug voll Essigwasser, steckte den Schwamm an die Spitze seiner Lanze und hielt ihn an Jesu Mund. Jesus nahm davon. Dann rief er:
»Es ist vollbracht! Vater, in deine Hände empfehle ich meinen Geist.«

Gleich darauf neigte er sein Haupt und starb.
In diesem Augenblick begann die Erde zu donnern und zu wanken. Die Berge erzitterten, die Hügel barsten und der Vorhang des Tempels zerriss in zwei Teile.
Rings um Jerusalem öffneten sich die Felsengräber, in denen die Heiligen Gottes bestattet lagen, und sie standen auf und gingen aus ihren Grüften hervor.
Die Menge, die sich um Golgota gelagert hatte, stob schreiend davon. Selbst die Soldaten waren bestürzt und verwirrt, und ihr Hauptmann fiel auf seine Knie und rief: »Wahrhaftig! Dieser war Gottes Sohn.«

DIE GRABLEGUNG

Nun war das Ungeheure geschehen: Gottes Sohn war gestorben und hatte sein Leben für die Menschen hingegeben. Er hatte den Tod auf sich genommen, um sie freizukaufen von ihrer Schuld. Er hatte Verzeihung beim Vater erwirkt und die Menschen für alle Zeit in Gottes Herz blicken lassen, in dieses Herz, das nichts ist als Liebe.

Ein paar Sekunden lang wankte die Schöpfung in ihren Fundamenten. Aber dann trat Stille ein. Die Erde donnerte nicht mehr. Die Berge standen wieder fest. Die schwarze Wolke, die sich über Jerusalem gesenkt hatte, verzog sich langsam, und ein zitternder Sonnenstrahl tastete über die Dächer.

So brach ein ruhiger Abend herein, sofern ein Abend in einer Stadt ruhig genannt werden kann, die sich für ein großes Fest rüstet. Wohl waren viele Menschen gekommen, aber sie lärmten nicht wie sonst in den ersten Stunden des Pessachfestes. Jeder hatte das Beben der Erde verspürt und fürchtete sich. Die Nachricht, dass der Vorhang im Tempel zerrissen sei, schien vielen ein Unheil bringendes Vorzeichen zu sein. So hatte niemand Lust zu feiern.

Der freigelassene Barabbas saß in einer Schänke und betrank sich. Der Hohepriester Kajafas stritt mit einigen Pharisäern über den heute stattgefundenen Prozess. Der alte Hannas kauerte in seinem Prunksessel und dachte an seinen nahen Tod. In den Ölbaumhainen von Betanien versammelten sich die Jünger zu einer ersten gemeinsamen Beratung. Sie waren verängstigt, verwirrt, von Gram erfüllt. Petrus sprach kein einziges Wort. Jakobus weinte, und Matthäus, der frühere Zöllner, kam mit der Nachricht herbei, man habe vor der Stadt einen Mann an einem Baume erhängt gefunden, Judas Iskariot, der sich für den Verrat wegen dreißig Silberlingen selbst gerichtet hatte. Unterdessen stieg ein vornehmer Mann namens Josef von Arimathäa zur Burg Antonia empor. Er verlangte eine Audienz beim römischen Statthalter, sie wurde ihm auch gewährt. Er komme, sagte er, um sich den Leichnam des heute hingerichteten Jesus zu erbitten; er halte diesen Mann für einen gerechten Menschen und wolle ihm deshalb auch ein ordentliches Grab bereiten. Pilatus gab die Erlaubnis, und Josef von Arimathäa machte sich auf den Weg nach Golgota.

Dort wurde schon alles vorbereitet, um die Leichname von den Kreuzen herunterzunehmen. Den beiden Verbrechern hatte man die Gebeine zerschlagen; so war es Brauch, denn man wollte sichergehen, dass

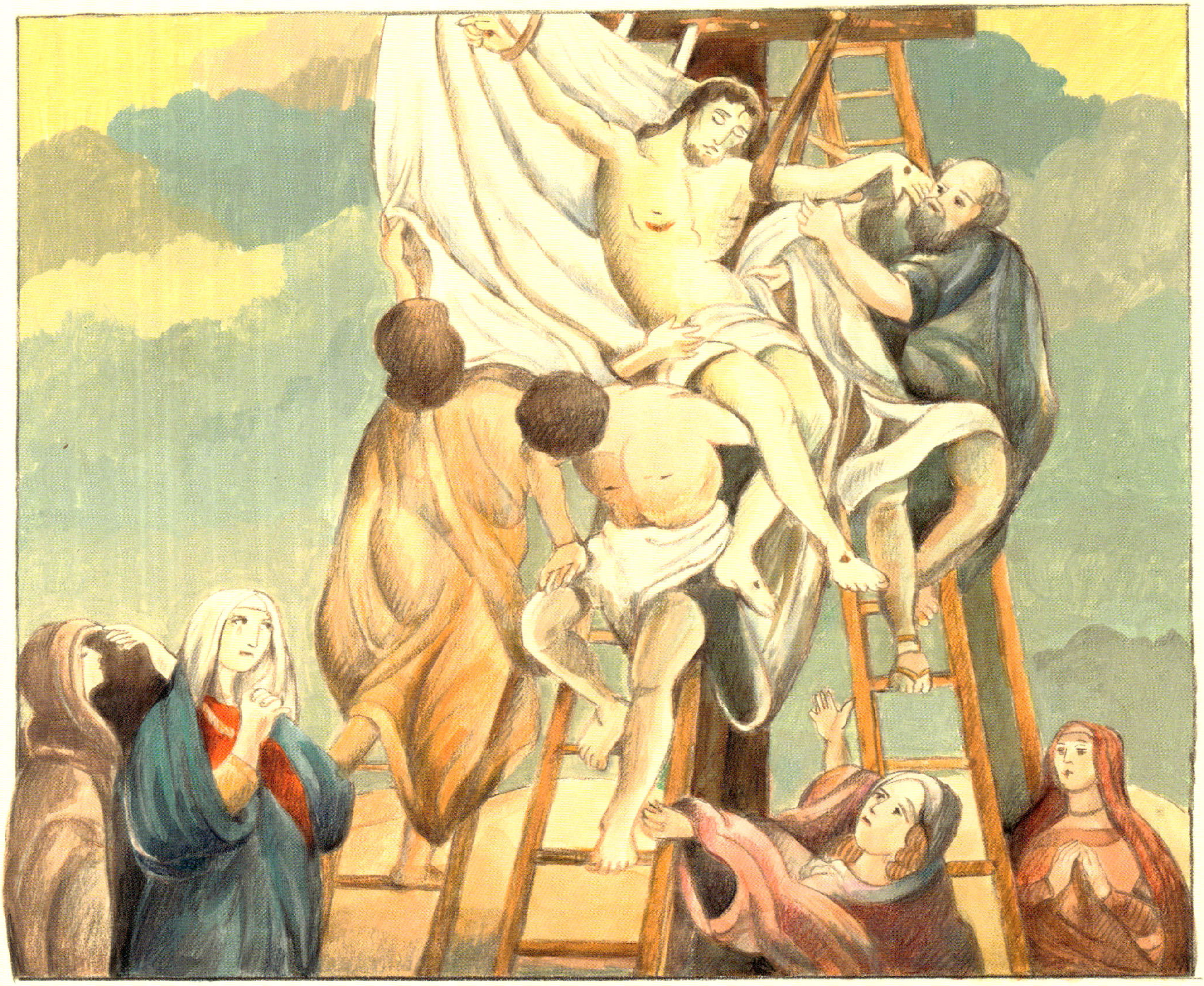

die Hingerichteten, wenn man sie von den Kreuzen abnahm, auch ganz gewiss gestorben seien. Der Soldat, der diese traurige Arbeit besorgte, wollte an Jesu Leichnam dasselbe tun; da aber nahm ein anderer eine Lanze und stach sie in Jesu Brust und sogleich liefen Blut und Wasser aus der Wunde. Daran sah der Soldat, dass Jesus wirklich tot war.

Er verließ die Stätte und ließ die Trauernden allein. Das Kreuz umstanden Josef von Arimathäa, Johannes und Jesu Mutter; da waren Maria von Magdala und noch etliche andere Frauen, und schließlich kam auch noch ein dritter Mann herbei: der Ratsherr Nikodemus, derselbe Nikodemus, der es nicht gewagt hatte, sich zu Jesus zu bekennen, solange Jesus lebte. Nur ein einziges Mal, in finsterer Nacht, hatte er Jesus besucht. Nun aber keuchte er unter einer schweren Last heran, und aus dem Sack, den er schleppte, strömte ein starker, bittersüßer Geruch. Nikodemus hatte an hundert Pfund Myrre und Aloe gekauft. Damit wollte er Jesu Leiche salben, wenn diese ins Grab gelegt würde. Josef von Arimathäa besaß in der Nähe ein neues Felsengrab, in dem noch kein Toter gelegen hatte. Dorthin wollte er Jesus bringen.

Sie betteten Jesus auf Tücher und trugen ihn in den Garten, wo sich das Grab befand. Ehe sie seinen Leib in Leinen einschlugen, legten sie ihn noch einmal seiner Mutter in den Schoß. Noch einmal küsste Maria ihn auf die Augen und auf den Mund, und es

war wirklich so, wie ihr der alte Simeon vor dreiunddreißig Jahren geweissagt hatte: Ihr Herz tat so weh, als würde es von einem Schwert durchschnitten.
Das Letzte war dann schnell geschehen und bald ruhte der schwere runde Stein vor der Öffnung des Grabes. Nun war es Nacht geworden. Johannes führte die Mutter Jesu fort. Hinter ihnen gingen Maria von Magdala und die anderen Frauen. Nur Nikodemus und Josef von Arimathäa standen noch vor dem Grab.
Keiner sprach ein Wort. Einer wusste vom anderen, dass er sich schämte, denn sie waren zu spät gekommen mit ihrem Glauben und ihrer Reue. Zum lebendigen Jesus hatten sie sich nicht bekannt; erst sein Tod hatte ihre Furcht überwunden. Schweigend und traurig reichten sie einander die Hände und trennten sich. Keiner ahnte etwas von dem, was bevorstand. Nein, keiner ahnte es, am wenigsten Kajafas und sein Anhang.
Dennoch regten sich in ihnen von Neuem allerlei Befürchtungen. Sie hatten zwar triumphiert und Jesus kreuzigen lassen. Aber hatte Jesus nicht geweissagt, er werde am dritten Tage wiederauferstehen? Das fiel ihnen jetzt ein, und obwohl sie nicht daran glaubten, begannen sie sich Sorgen zu machen: Wie, wenn die Jünger etwa den Leichnam stahlen und dann behaupteten, ihr Meister sei in der Tat auferstanden? So liefen sie zu Pontius Pilatus und baten ihn um einige Soldaten. Die sollten das Grab bewachen! Überdies ließen sie es mit Siegeln verschließen. Endlich fühlten sie sich sicher und hofften ihres Werkes froh werden zu können.

DER OSTERMORGEN

Es war am Morgen des dritten Tages. Die Sterne begannen eben zu erbleichen, da kamen Maria von Magdala und die anderen Frauen in den Garten des Josef von Arimathäa, um an Jesu Grab zu weinen. Maria von Magdala sah, dass der Stein weggewälzt war und die Grabeshöhle offen stand.
Maria von Magdala erschrak. Wer hatte das getan? Wer hatte die Ruhe des Toten gestört? Sie brach in Tränen aus und lief, so rasch sie konnte, nach Jerusalem hinein, um es den Jüngern zu melden.
Maria wusste, wo sich Petrus und Johannes versteckt hielten. Diese waren auch sofort bereit, mit ihr zu kommen. Nun wurde es schon hell. Die Vögel sangen, und die ersten Sonnenstrahlen ließen den Tau auf Blumen und Blättern blitzen.
Sie eilten in den Garten. Nun sahen auch Petrus und Johannes: Der Stein war entfernt worden, das

Grab war geöffnet. Als sie sich vorbeugten und in die dunkle Höhle hineinblickten, lagen drinnen die Tücher, in denen Jesus bestattet worden war. Das konnten keine Räuber gewesen sein! In Johannes stieg eine Ahnung auf, aber sie war so kühn, so ungeheuer, dass er sich nicht getraute, das Wort in den Mund zu nehmen: Vielleicht ist er auferstanden?
Indessen irrte Maria von Magdala weinend durch den Garten. Sie konnte seit drei Tagen fast nichts anderes tun als weinen. Der Garten war nicht sehr groß, aber schön gehalten. Über die Mauern zogen sich blühende Rosenbüsche und zwischen den Feigenbäumen hing das junge Weinlaub in Girlanden.
Plötzlich hörte Maria ein Geräusch hinter sich. Sie drehte sich um. Ein Mann stand zwischen den Bäumen, und es schien ihr, als ob er eine Gärtnerschürze trüge. Sie hielt ihn für einen der Gärtner des Arimathäers und fragte ihn: »Weißt du, wer Jesus weggetragen hat? Oder hast du es vielleicht selbst getan?«

Als der Mann nicht antwortete, rief sie bittend: »Ach, sag es mir doch!«
Da sprach der Herr: »Maria!«, und an seiner Stimme erkannte sie ihn.
Laut schrie sie auf: »Rabbuni! Rabbuni!« Mein Meister! – und wollte sich Jesus zu Füßen werfen.
Doch der Herr streckte die Rechte aus und sagte: »Rühre mich nicht an, denn noch bin ich nicht zum Vater aufgefahren. Geh hin zu deinen Brüdern und sage ihnen, dass du mich gesehen hast!« Und damit verschwand er.
In größter Hast und außer sich vor Freude kehrte Maria von Magdala nach Jerusalem zurück. Sie dachte nicht mehr an Petrus und Johannes, sie lief in die Stadt hinein und in alle Häuser, von denen sie wusste, dass sich die Jünger Jesu in ihnen verborgen hielten. Überall geschah dasselbe. Sie riss die Tür auf und rief hinein: »Ich habe den Herrn gesehen, der Herr ist auferstanden!«, und eilte weiter.
Die Jünger gerieten in große Aufregung. Die Nachricht traf sie wie ein Donnerschlag. »Auferstanden!

Der Herr auferstanden?« Das konnte nicht wahr sein. Es schien unglaublich, was Maria aus Magdala da rief.
Indessen war noch etwas anderes geschehen. Nicht nur Maria von Magdala war heute Morgen zu Jesu Grab gegangen. Auch andere Frauen hatten sich auf den Weg gemacht. Sie hatten am Vorabend Salben und Spezereien zubereitet, um diese noch heute über den Leichnam zu gießen. Als sie hörten, dass ein schwerer Stein vor das Grab gewälzt worden sei, waren sie in Sorge: Wer wird uns den Stein wegheben? Denn dazu fühlten sie sich nicht imstande.
Vielleicht, meinte die eine, könnten sie die Wachen dazu überreden, die von Kajafas und Pilatus beordert worden waren, das Grab zu hüten. Vielleicht fand sich ein gutmütiger Mann unter ihnen, der ihnen die Platte vom Eingang rücken würde.
Die Frauen erreichten die Stätte, doch von einer Wache war nichts zu sehen. Der Eingang des Grabes stand offen. Wie merkwürdig! Einesteils waren sie froh, andernteils beunruhigt.
Als sie sich in die niedrige Öffnung bückten, saß ein Mann in schneeweißen Kleidern da, ein Engel. Er sprach: »Fürchtet euch nicht. Ihr sucht Jesus, den Gekreuzigten. Doch er ist nicht mehr hier. Er ist auferstanden. Geht zu den Aposteln und sagt ihnen, in Galiläa werden sie ihm begegnen.«
Die Frauen wussten nicht, wie ihnen geschah. Sie waren so verwirrt, dass sie Salbkrüge und Spezereien fallen ließen und aus der Grabeshöhle stürzten. Dann liefen sie aus dem Garten und in die Stadt zurück.
Nun war Maria nicht mehr allein mit ihrer herrlichen Botschaft. In Windeseile lief die Kunde von Mund zu Mund. Ehe es Mittag wurde, wussten schon alle von dem Wunder, Apostel und Jünger. Aber die meisten glaubten nicht daran.

DIE ZWEIFELNDEN JÜNGER

Das Grab war leer, daran bestand kein Zweifel. Aber wer wusste, wer den Leichnam fortgetragen hatte? Jesus war wirklich am Kreuz gestorben; und selbst wenn in ihm nach all den langen Qualen und Martern noch ein Fünkchen Leben gewesen wäre, hatte nicht Johannes mit eigenen Augen gesehen, wie ihm zuletzt einer der Soldaten seine Lanze in die Seite stach?

Was die Frauen erzählten, musste ein Märchen sein. Vor allem Thomas, auch der Zwilling genannt, war davon überzeugt. »Was soll das Gerede? Unser Meister ist tot. Ehe ich ihn nicht lebendig vor mir sehe und meine Hände in seine Wunden legen kann, glaube ich nichts anderes.«

Es ging schon gegen Abend, als ein Unbekannter aus der Burg Antonia zu Petrus, Johannes und Jakobus in deren Versteck kam. »Hört«, sagte er, »ich bin kein Anhänger eures Propheten und will mit eurer Sache nichts zu tun haben. Aber mir ist heute Morgen etwas Merkwürdiges zu Ohren gekommen. Ich bin Aufseher über den Marstall des Pilatus und ging heute Nacht, ehe es hell wurde, in die Ställe hinüber um nachzusehen, ob eine Stute schon gefohlt habe. Da kamen vier oder fünf Wachsoldaten über den Hof gelaufen, und sie rannten, als wäre der Satan hinter ihnen her. Ich rief sie an und fragte, was los sei. Sie konnten kaum antworten. Endlich brachte einer zitternd hervor: Sie hätten im Garten des Arimathäers bei einem Grab Wache gestanden. Da habe im allerersten Morgengrauen die Erde gebebt, ein Grabstein sei zur Seite gerollt, ein Lichtstrahl habe sie geblendet – und dann, ja, dann sei das Grab leer gewesen.«

»Und was geschah weiter?«, fragte Jakobus atemlos, während Petrus und Johannes nur stumme Blicke tauschten.

»Nichts weiter«, sagte der Fremde. »Ich glaube nicht an Wunder. Doch da ich hörte, dass euer Meister in dem Garten bestattet worden ist, wollte ich es euch doch erzählen.«

So sprach der Mann und ging fort.

FRIEDE SEI MIT EUCH

Diese neue Nachricht erregte die Jünger tief. Sie ließen alle Vorsicht beiseite, kamen aus ihren Verstecken hervor und versammelten sich im Abendmahlssaal. Die Frauen mussten ihre Erlebnisse wiederholen und Petrus, Johannes und Jakobus berichteten die ihren. Einige weinten vor Freude. Nur Thomas hielt sich immer noch abseits und starrte düster vor sich hin; wenn ihn ein anderer Jünger ansprach, wehrte er kopfschüttelnd ab und murmelte: »Ich kann es nicht glauben.«

Plötzlich stand Jesus mitten unter ihnen. Obwohl ihn die meisten in einem Winkel ihres Herzens erwartet hatten, fuhren sie doch vor ihm zurück

wie vor der Erscheinung eines Geistes. Hatten sie nicht die Tür verriegelt? Wie war er plötzlich hereingekommen? Zuerst wagten sie gar nicht ihn anzublicken. Das Gefühl ihrer eigenen Untreue, ihrer Verzagtheit und Verzweiflung ließ sie erzittern. Wie viele von ihnen hatten in diesen Tagen an allem gezweifelt, was er sie gelehrt, was er ihnen geweissagt hatte? Kam er nun, um sie zu strafen?
Als sie ihn endlich anzuschauen wagten, schien er derselbe wie zuvor: Liebe und Erbarmen strahlten von ihm aus. Und dennoch war er irgendwie verändert. Die Leiden hatten sein Angesicht gezeichnet, auf seiner Stirn leuchtete die Hoheit dessen, der den Tod überwunden, und aus seinen Augen strahlte die Freude des Sohnes, der den Willen seines Vaters erfüllt hat.
Die Jünger und Apostel fielen ihm zu Füßen.
Jesus sprach: »Friede sei mit euch, meine Kinder. Ja, ich bin es wirklich!« Und er zeigte ihnen seine Hände und Füße, die noch die Wundmale der Nägel trugen.

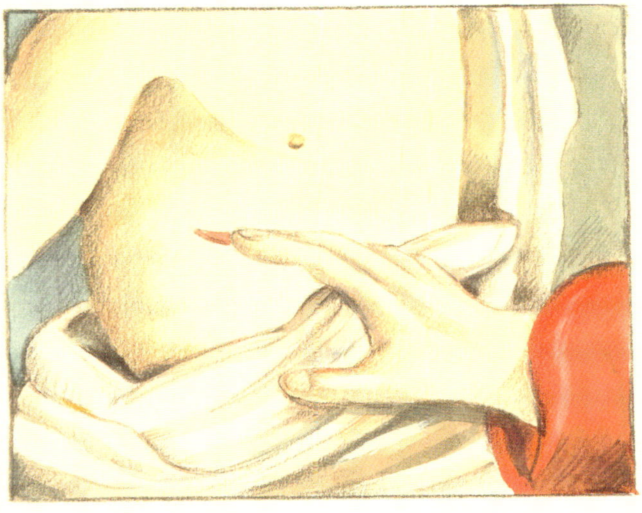

Dann wandte er sich an Thomas, nahm dessen Hand und legte sie an seine entblößte Seite, wo ihm der Lanzenstich die Brust geöffnet hatte.
»Glaubst du es nun?«, fragte er.
Thomas schluchzte auf und rief: »Mein Herr und mein Gott!«

»Nun siehst du, du Zweifler!«, sagte Jesus und ließ seine Hand wieder los, »du musstest erst sehen und fühlen, ehe du glaubtest. Selig sind jene, die glauben, ohne mit eigenen Augen zu schauen und mit Händen greifen zu müssen.«
Dann sprach er zu den anderen: »Meinen Frieden gebe ich euch. Wie mich der Vater gesandt hat, so sende ich euch jetzt aus.« Er beugte sich zu ihnen nieder, hauchte sie an und sagte: »Empfanget den Heiligen Geist, den Lebenspender, der mit dem Vater und dem Sohne eins ist! Wem ihr die Sünden vergeben werdet, dem sollen sie vergeben sein. Geht hin und lehret alle Völker und taufet sie im Namen des Vaters, des Sohnes und des Heiligen Geistes!«

So weilte er noch eine Zeit bei ihnen. Er aß sogar ein Stückchen von einem gebratenen Fisch und ein wenig Honig. Das tat er, um ihnen zu zeigen, dass er kein Geist sei, sondern dass er in Wahrheit auferstanden war. Dann verschwand er vor ihren Augen, obwohl niemand die Tür geöffnet hatte.

DIE JÜNGER VON EMMAUS

Zur selben Stunde wanderten zwei Jünger von Jerusalem gegen den Flecken Emmaus. Sie waren am Morgen aufgebrochen und befanden sich seit etlichen Stunden unterwegs. Der eine von ihnen hieß Kleopas, den Namen des anderen wissen wir nicht. Auch sie waren zum Pessachfest nach Jerusalem gekommen und hatten von Jesu Verhaftung und seinem Tod gehört. Das alles betrübte sie tief, und so redeten sie auf ihrem Weg von nichts anderem als von der schmachvollen Kreuzigung ihres Meisters und von der Bosheit der Menschen, die ihn verurteilt hatten.

Als sie so des Weges dahinzogen, kam ihnen ein dritter Mann nach; er ging eine Weile hinter ihnen her, dann sprach er sie an und fragte: »Wovon redet ihr?«

Sie blieben stehen und Kleopas sagte traurig: »Kommst du nicht auch aus Jerusalem? Dann bist du wohl der einzige Fremdling, der nicht weiß, was sich dort in den letzten Tagen ereignet hat. Jesus von Nazaret, ein Prophet, der mächtig war in Worten und Werken, ist von den Hohenpriestern und Pilatus gekreuzigt worden. Wir hatten so sehr auf ihn gehofft und so sicher geglaubt, dass er es sei, der Israel erlösen werde. Nun ist er seit drei Tagen tot. Mein Gefährte und ich kehren in unser Dorf heim

und nehmen das alte Leben wieder auf. Doch das Herz tut uns weh, wenn wir daran denken, was wir verloren haben.«
Der Fremde erkundigte sich: »Ist es euch nicht zu Ohren gekommen, dass er auferstanden ist?«
»Ach, Herr!«, erwiderte der Freund des Kleopas, »wir haben wohl etliche Gerüchte gehört, drei oder vier einfältige Frauen wollen einen Engel gesehen haben. Aber das sind wohl nur Märchen.«
Der Fremde blickte die beiden an und sagte: »Wisst ihr nicht, dass manchmal den Einfältigen zuerst die Wahrheit geoffenbart wird? Doch ich möchte euch erklären, warum dieser Jesus sterben musste und dass weniger die Bosheit der Menschen, sondern vielmehr der Ratschluss Gottes seinen Tod gewollt hat. Er selbst hat ihn aus freiem Willen angenommen; denn das war seine Herrlichkeit: als Gottes Sohn für die Menschen zu sterben.«
Nun begann ihnen der Fremde die Schrift zu erklären und alles, was sich ereignet hatte.
So schritt Er in ihrer Mitte dahin, aber sie erkannten ihn nicht.
Die Sonne ging unter, und über die grünen Matten schlich grauer Rauch. Die Herden zogen heimwärts, mit ihren Glöckchen klingelnd, andere Herden zerstreuten sich über den Weideflächen und die ersten Hirtenfeuer loderten auf. Da lag Emmaus vor ihnen und Kleopas und sein Gefährte sagten: »Herr, es will Abend werden. Bleibe über die Nacht bei uns!«
Und als sie ihn nochmals baten, ging er mit ihnen, und sie luden ihn an ihren Tisch.
Noch immer wussten sie nicht, wer er war; aber als das Brot gebracht wurde, nahm er es in seine Hände, blickte zum Himmel, dankte und brach es entzwei.
In diesem Augenblick fiel es wie Schuppen von ihren Augen: Der Fremde war Jesus, ihr Meister!
Doch ehe sie den Mund auftun und ihre Freude zeigen konnten, war er verschwunden.
Vor den beiden Jüngern stand noch der Schemel, auf dem er gesessen, da lag noch das Brot, das er

auseinandergebrochen hatte. Kleopas rief: »Er war es, Jesus!« Und sein Gefährte wiederholte: »Jesus, unser Meister!«
Eine Weile konnten sie nichts anderes denken und sagen. Dann schlug Kleopas beide Fäuste vor die Augen und rief weinend: »Ach, warum haben wir ihn nicht früher erkannt? Ich hätte es wissen müssen, dass er es war, denn mir brannte das Herz in der Brust, solange er bei uns weilte und zu uns sprach. Kein anderer hätte so reden können, nur er!«
»Mir ging es genauso«, stammelte der Gefährte.
Gleich darauf standen sie auf und gingen wieder fort. Obwohl sie doch eben erst den weiten Weg von Jerusalem nach Emmaus zurückgelegt hatten, kehrten sie sofort um und eilten die Straße zurück, um den anderen Freunden und Brüdern zu sagen, was ihnen geschehen war.

DIE LETZTEN VIERZIG TAGE

Vierzig Tage wandelte der Herr auf Erden, um sich denen zu zeigen, die ihn liebten, und um ihnen die Gewissheit seiner Auferstehung tief ins Herz zu pflanzen. Er kam und ging wie ein lebendiger Mensch und dennoch verherrlicht und frei wie ein Engel oder ein Geist – oder wie der Hauch des Windes, von dem niemand weiß, woher er weht und wohin. Er erschien durch geschlossene Türen und verschwand wiederum, er war bei diesen und jenen an verschiedenen Orten. Er reichte ihnen die Hände, und sie sahen seine Wundmale und konnten sie fühlen. Niemand begegnete ihm, der nicht schon vorher an ihn geglaubt hatte, und niemals zeigte er sich seinen Feinden, um sie zu strafen, um sie zu erschrecken oder ihnen mit dem Gericht zu drohen. Für die Seinen sorgte er voll Liebe und war zu ihnen wie ein Freund zu Freunden, wie ein Bruder zu seiner Geschwisterschar.

So begab es sich eines Morgens in jenen letzten vierzig Tagen, dass ihn die Jünger am See Gennesaret erblickten. Sie hatten Jerusalem verlassen; Petrus, Andreas, Johannes, Jakobus, Natanael und Thomas waren wieder nach Galiläa zurückgekehrt, wohin sie Jesus beschieden hatte. An den Ufern des Sees Gennesaret, wo der Herr so gern geweilt hatte, erwarteten sie ihn.

Eines Abends sagte Petrus: »Ich gehe fischen«, und sofort schlossen sich ihm die anderen an: »Wir fahren mit dir auf den See.«

Nun saßen sie wieder in ihren schwerfälligen Ruderbooten und zogen die Netze hinter sich her. Es war schon gegen Morgen, als sie sich dem Ufer näherten. In der Bucht sahen sie einen Mann stehen, seine Gestalt hob sich deutlich von dem felsigen Ufer ab. Zuerst hielten sie ihn für einen Fischer. Als sie näher kamen, rief er ihnen über das Wasser zu: »Kindlein«, fragte er, »habt ihr etwas zu essen?«

»Nein«, riefen sie zurück, »wir haben noch nichts gefangen!«
Er gab ihnen ein Zeichen und rief: »Werft das Netz zur rechten Seite des Bootes aus!«
Sie taten es.
Eine Weile geschah nichts. Dann begannen die Schwimmer des Netzes zu tanzen. Die Leinen spannten sich, und sie merkten, dass ihnen viele große Fische in die Maschen gegangen waren. Die Männer griffen zu, und die Stricke schnitten in ihre Finger und in ihre Fäuste, so schwer war die Last, die sie zogen.
Der Mann, der ihnen zugerufen hatte, stand noch immer am Ufersaum so nah am See, dass der blasse Schaum der Brandung um seine Füße zu lecken schien. Johannes sagte: »Es ist der Herr!«
Petrus hörte das, und sofort umgürtete er sich mit seinem Rock, den er bei der Arbeit abgelegt hatte, und sprang eilig hinaus und watete durch das hier schon seichte Wasser an den Strand.

Die anderen ruderten und zogen die Netze hinter sich her. Als Petrus das Ufer erreichte, sah er ein Feuer. Es brannte zwischen aufgeschichteten Steinen. Darauf briet ein Fisch. Auf einem anderen Stein lag Brot. Jesus hatte seinen Jüngern ein Frühmahl vorbereitet. Nun wartete er darauf, dass sie den Fang an Land brachten. Als sie damit fertig waren, sagte er: »Sucht jetzt einen von den Fischen aus, die ihr gefangen habt!«
Als das geschehen war, brieten sie auch diesen; während er gar wurde, kam der Morgen herauf.
Nun saßen sie da und hielten ihre Mahlzeit, und der Herr saß mitten unter ihnen und aß auch. Keiner wagte ihn zu fragen: Wer bist du? Denn sie wussten, dass Er es war. Sie hatten ihn erkannt, und doch schien er ihnen wieder verwandelt, als habe er sich der himmlischen Glorie noch einmal angenähert. Nachdem sie gegessen hatten, sprach Jesus zu Simon Petrus: »Simon, Sohn des Johannes, liebst du mich?«
»Ja, Herr!«
Jesus legte ihm die Hand auf die Schulter und sagte: »Weide meine Lämmer!« Dann fragte er noch einmal: »Simon Petrus, liebst du mich?«
Was sollte Petrus sagen? Sein Herz war so übervoll von Liebe zu seinem Herrn und Gott! So antwortete er: »Du weißt, dass ich dich liebe!«
Jesus nickte und sprach: »Hüte meine Schafe!« Aber nach einer Weile fragte er zum dritten Mal: »Simon, liebst du mich?«
Petrus sprang auf, warf sich Jesus zu Füßen und rief: »Herr, warum fragst du mich? Du weißt alles, also weißt du auch, dass ich dich liebe!«
Da legte Jesus seine Hand auf Petrus' Scheitel und sprach: »Weide meine Schafe!« Dann fuhr er fort: »Du bist Kefas, der Fels, auf den ich meine Kirche bauen will. Aber ich sage dir: Als du jünger warst, hast du dich stark gefühlt und bist allein umhergegangen, wohin du wolltest. Doch wenn du alt geworden bist, wirst du die Hände nach einem anderen ausstrecken, und er wird dich führen und geleiten, wohin du nicht willst. Nun, Simon Petrus, folge mir nach!«

DIE HIMMELFAHRT CHRISTI

Wenige Tage später nahm Jesus die seinen mit nach Jerusalem. Von da führte er sie hinaus auf einen Hügel bei Betanien. Von dort blickte er noch einmal hinüber auf Zion, dann auf die Stadt, auf den Tempel und auf den Bach Kidron. Hier am Fuße des Ölbergs war er verraten und den Händen seiner Feinde überliefert worden. Dort, hinter den Mauern der Burg Antonia, war er zum Tode verurteilt worden. Und da, unter diesen alten, knorrigen Bäumen des Haines Getsemani, hatte er die Last dieser Welt auf sich genommen und in Todesangst gebebt. In jenem kleinen Haus dort drüben hatte er das Abendmahl eingesetzt und die geheimnisvolle Speise gesegnet, in der er für alle Zeit bei den seinen bleiben und in sie eingehen wollte.

Gottes Verheißung war erfüllt, die Tat der Liebe vollbracht. Nun blieb nur noch eines zu tun übrig: den Heiligen Geist herabzusenden auf diese Erde, damit der dreieinige Gott geoffenbart und verherrlicht werde.

Dieses letzte, größte Geheimnis rief Jesus zum Vater zurück. Noch einmal segnete er seine Jünger, segnete die ganze weite Welt, alle Länder, alle Völker, bis in die fernsten Zeiten.

Dann schied er von seinen Jüngern.

Sie sahen ihn licht und lichter werden, seine Füße erhoben sich vom Boden, sein Gewand nahm die Farbe des Himmels an. Einen Augenblick lang glaubten sie, eine helle Wolke zöge ihn empor. Aber dann leuchtete nur noch das klare Firmament über ihnen, und sie wussten: Nun war er heimgekehrt.

DAS PFINGSTFEST

Zehn Tage später weilten die Apostel und viele Jünger in einem Saal zu Jerusalem. Auch Maria, die Mutter Jesu, war bei ihnen.

Da erhob sich ein gewaltiges Brausen in den Lüften, als käme ein mächtiger Sturm, und über jedem von ihnen, die versammelt waren, erschien eine feurige Zunge.
Das war das Zeichen des Heiligen Geistes, und der Geist erfüllte sie und nahm ihnen jede Furcht, sodass sie alle aus dem Saal hinausgingen und auf Straßen und Plätzen vor allem Volk den Namen Jesu bekannten.

Sie priesen Gott und verkündeten die Frohe Botschaft, und alle verstanden sie und hörten sie in ihrer eigenen Sprache, ob sie nun Galiläer oder Judäer oder Ägypter oder Libyer waren, ob sie vom Pontusgebirge, aus Mesopotamien oder Rom kamen. Viele bekehrten sich und ließen sich taufen. So begann die Kirche Gottes zu wachsen.
Unzählige gaben ihr Leben für ihren Glauben und starben eines grausamen Todes. Doch jeder Bluts-

tropfen, den sie vergossen, erweckte neuen Glauben und ließ die anderen in Treue ausharren.
Mehr als zweitausend Jahre sind seither vergangen und die Welt hat sich sehr verwandelt. Diese Verwandlung ist auch Gottes Wille. Er war der Anfang, von dem alles ausging. Er wird auch das Ende sein. Auf Ihn geht alles zu, auch unser eigenes Leben. Wir haben es von Ihm erhalten, um Ihn zu erkennen und heimzukehren zu Ihm und an Seinem Herzen zu ruhen in Ewigkeit.

Ende